성경을 읽는 것 자체가 좋습니다. 그러나 알고 읽는 것은 더 좋습니다. 알고 읽되 그리스도를 중심으로 신구약 전체를 이해하고 읽는다면 금상첨화일 것입니다. 역사와 전통이 있는 미국 웨스트민스터 신학교에서 개인은 물론이고 교회 안의 다양한 그룹에서 사용할 수 있는 성경읽기 교과서를 보내왔습니다. 심혈을 기울여 만든《리딩지저스》는 한국 교회 성도들에게 귀한 선물이 되기에 충분합니다.

이규현 담임목사 | 수영로교회

미국 필라델피아에 자리한 웨스트민스터 신학교는 미국 기독교계는 물론이고 한국 교회에도 큰 영향을 미친 신학교입니다. 영향력 있는 신학자들을 많이 배출하였고, 이를 통해 한국 교회에 크게 공헌한 신학교입니다. 이 고마운 신학교에서 이번에 한국 교회를 위해 또 한 번 큰 수고를 해 주었습니다. 신학교 산하에 있는 웨스트민스터프레스코리아에서《리딩지저스》라는 성경읽기 도구를 만들었습니다. 신학교 교수님들의 강의를 성도님들도 쉽게 이해하시도록 긴 시간을 들여서 만든 작품입니다.《리딩지저스》가 가진 가장 큰 의미가 있다면, 성경이 가리키는 한 분, 예수 그리스도를 중심에 둔 성경읽기라는 점입니다. 모든 저자가 성령의 감동으로 오직 한 분 예수님을 드러내기 위해 쓴 책이 성경이라면, 우리는 성경을 쓰인 목적대로 읽어야 할 것입니다. 이런 점에서 많이 기대되는 책입니다. 이 책을 통해 우리는 구약성경이든 신약성경이든 어느 본문에서든 예수님을 발견하게 될 것입니다.《리딩지저스》와 함께 성경이 말하는 예수 그리스도를 체험하는 행복한 시간을 갖게 되시기를 바랍니다. 나 자신과 내가 처한 상황을 그리스도 중심으로 해석하는 힘이 길러지리라 믿으며 기쁘게 추천합니다.

이찬수 담임목사 | 분당우리교회

성경을 가까이하고 즐겨 읽는 것이 경건의 핵심인 줄 다 알면서도 성경읽기의 행복에 들어가는 것이 생각보다 쉽지 않아서 많은 성도가 여러 번 시도하지만 실패하고는 합니다. 이번에 출간되는《리딩지저스》는 이런 점에서 성도들에게 큰 유익을 끼치리라 생각합니다. 창세기부터 요한계시록까지 성경에 나오는 다양한 인물과 사건을 예수님 중심으로, 예배하는 심령으로 읽도록 도와주어서, 우리의 성경읽기가 단순한 지적 호기심 충족이나 설익은 적용에 그치지 않고, 성경 본문을 풍성하게 누리도록 도전합니다. 또한 삶의 변화로 이끄는 성경읽기가 되도록 안내할 것입니다. 성경읽기를 통해 우리 삶의 전부요 기쁨이신 구주를 더욱 알고 사랑하는 일이 조국 교회와 성도들의 삶에 더욱 풍성해지기를 기대하는 마음으로 이 책을 적극 추천합니다.

화종부 담임목사 | 남서울교회

사도 바울은 연소했던 디모데에게 자신의 사역을 이양하면서 '읽는 것에 전념'하라고 합니다(디모데전서 4:13). '성경을 읽는 것'은 주님의 일을 하는 데 가장 기본인 훈련이며, 성숙한 성도로 살아가는 현장의 시작이라는 뜻입니다. 하나님 앞에 바로 서려는 진지한 결단을 하고 싶다면, 성경을 일독해 보라고 권하고 싶습니다. '말씀'은 시작부터 있었고(요한복음 1:1), 인생을 초기화[reset]할 때 반드시 '말씀'이 앞에서 이끌어 주어야 하기 때문입니다. 그런데 그동안은 강력히 추천할 성경읽기 교재가 없었습니다. 이제 우리 앞에 나타난 듯합니다.《리딩지저스》 성경읽기 교재에는 신학이 담겨 있으며, 그 신학이 성경 66권 전체를 읽어 가는 긴 여행을 돕는 훌륭한 지팡이가 될 것입니다.《리딩지저스》가 담고 있는 신학은 신뢰할 수 있습니다. 예수 그리스도를 중심으로 성경 전체를 읽어 나가는 길을 안내하기 때문입니다.《리딩지저스》는 한국 교회의 소생이라는 염원을 담아 제작되었습니다.《리딩지저스》는 말씀 위에 세워진 한국 교회가 코로나19의 어려움을 이기고 더욱 정결해지는 데 필요한 역할을 할 것입니다.

한규삼 담임목사 | 충현교회

READING JESUS

2

미국 웨스트민스터 신학교와 '리딩지저스'

'리딩지저스'는 교회 공동체가 함께 성경 전체를 통독하며 성경의 중심 메시지를 이해할 수 있도록 돕는 성경읽기 프로그램입니다. 확신하건대 성경의 중심 메시지는 예수 그리스도, 곧 그분의 인격과 구원 사역입니다. 웨스트민스터 신학교는 오랜 세월 성경 전체에서 그리스도를 바라보는 성경 해석학에 헌신해 온 학교로 잘 알려져 있습니다. 우리의 이러한 헌신은 그리스도와 사도들의 중심 메시지에 근거합니다.

누가복음 24장 25-27절에서도 우리는 부활하신 예수님이 이 사실을 얼마나 깊이 인식하고 계시는지 볼 수 있습니다. "이르시되 미련하고 선지자들이 말한 모든 것을 마음에 더디 믿는 자들이여 그리스도가 이런 고난을 받고 자기의 영광에 들어가야 할 것이 아니냐 하시고 이에 모세와 모든 선지자의 글로 시작하여 모든 성경에 쓴 바 자기에 관한 것을 자세히 설명하시니라." 예수님의 이러한 성경 연구는 그리스도 중심 성경읽기인 '리딩지저스의 핵심이자 근간'이 됩니다.

'리딩지저스'는 성경적 교회 기반 프로그램으로, 웨스트민스터 신학교의 사명으로부터 발전하였습니다. "웨스트민스터 신학교는 그리스도와 전 세계에 있는 그의 교회를 위하여 하나님의 모든 뜻을 선포하는 성경의 전문가를 양성하기 위해 존재합니다"(웨스트민스터 사명선언문).

1. 리딩지저스는 성경의 전문가를 양성하는 일을 합니다

웨스트민스터 신학교의 설립자인 그레샴 메이첸은 "성경의 전문가"라는 문구를 다음과 같이 사용했습니다.

> 신학교는 전문가를 위한 학교라는 사실을 결코 잊어서는 안 됩니다. 우리는 전문화 시대에 살고 있습니다. 눈에도 전문가가 있고, 코, 목, 배, 발, 피부에도 전문가가 있습니다…우리의 전문성은 하나님의 말씀에 있습니다. 성경의 전문가, 웨스트민스터 신학교는 이를 양성해 내기 위해 노력할 것입니다(J. Gresham Machen, "Westminster Theological Seminary: Its Purpose and Plan").

'리딩지저스'는 한국 교회를 위한 성경의 전문가를 양성하는 놀라운 발걸음입니다. 이 프로그램에 참여하는 사람들 가운데 앞으로 수년 내에 한국 교회를 이끌고 섬길 신학, 목회, 선교, 의료, 교육, 상담, 행정 분야의 성경의 전문가가 배출될 것입니다. 지금 '리딩지저스'에 참여하는 것은 곧 한국 교회의 내일을 위한 성경의 전문가들을 양성하는 일에 동참하는 것입니다.

2. 리딩지저스는 하나님의 모든 뜻을 이해하고 선포하는 것을 핵심으로 합니다

"하나님의 모든 뜻"(the whole counsel of God)이라는 표현은 사도 바울이 에베소 교회의 사랑하는 장로들에게 고별사를 전하며 나옵니다. "이는 내가 꺼리지 않고 하나님의 뜻을 다 여러분에게 전하였음이라"(사도행전 20:27).

웨스트민스터 신학교의 교육은 예수 그리스도 안에 있는 구원의 충만함이 계시된 성경에 확고하게 뿌리내리고 있습니다. 우리 신학교의 이름은 개혁 신앙의 정점에 있는 웨스트민스터 신앙고백의 이름을 따라 명명되었습니다. 그 이유는 어느 도시나 국가, 교단이나 사람이 아닌 오직 성경의 권위를 따르고자 했기 때문입니다.

'리딩지저스'는 성경이 하나님의 영감으로 기록되었으며, 스스로 권위를 입증하는 말씀이라는 고백 위에 만들어졌습니다. 그뿐만 아니라 성경이 기록된 원래 목적과 의미를 발견하여, 복음의 필수 진리에 전념하도록 돕는 교회를 위한 프로그램입니다. '리딩지저스'에 참여하는 것은 하나님의 모든 뜻에 평생을 헌신한 세계적 수준의 성경 전문 교수진이 가르치는 성경수업을 여러분과 여러분의 가족, 교회, 믿음의 공동체에 가져오는 것입니다. 이 얼마나 훌륭한 선물입니까! '리딩지저스'를 여러분의 교회 사역에 사용하길 진심으로 권합니다.

3. 리딩지저스는 그리스도를 영화롭게 하고, 전 세계에 있는 그의 교회를 세웁니다

그리스도를 영화롭게 하는 일은 참으로 우리 삶의 가장 중요한 목적입니다. 웨스트민스터 소요리문답 제1문답은 "사람의 제일되는 목적은 하나님을 영화롭게 하고 영원히 그를 즐겁게 하는 것입니다"라고 가르칩니다. 마찬가지로 예수 그리스도께 초점을 맞추어 그분을 예배하는 것이 바로 '리딩지저스' 프로그램의 핵심입니다.

예수님은 "내가 땅에서 들리면 모든 사람을 내게로 이끌겠노라"(요한복음 12:32)라고 말씀하셨습니다. 웨스트민스터 신학교의 '리딩지저스' 사역은 그리스도 중심 성경읽기를 통하여 십자가와 우리 주 예수 그리스도의 구원 사역을 높이 들어 올리는 것입니다. 저는 '리딩지저스'가 여러분과 여러분의 교회, 그리고 한국뿐만 아니라 전 세계적으로 그리스도를 영화롭게 하고 그분의 교회를 복되게 하리라고 믿습니다.

'리딩지저스' 프로그램을 통해 그리스도와 전 세계에 있는 그의 교회에 하나님의 모든 뜻을 선포하는 성경의 전문가를 함께 양성합시다.

피터 릴백 웨스트민스터 신학교 총장

교재 소개

우리는 모두 자신에게 익숙한 방식으로 성경을 읽습니다. 어떤 이는 성경 본문이 전하는 내용을 자세히 살피지 않고 서둘러 적용으로 넘어갑니다. 반대로 본문의 신학적 의미만 파고들지 실천은 뒷전인 사람도 있습니다. 아예 성경을 읽고 또 읽는 그 자체에만 집중하는 경우도 있습니다.

《리딩지저스》는 성경을 정확하고 풍성하게 읽도록 돕습니다. 자신이 좋아하는 본문만 골라 읽는 습관을 방지하고, 본문을 이해하는 데 다양한 관점이 있다는 것을 간과하지 않도록 안내합니다. 무엇보다 생각의 변화만이 아니라 삶의 변화를 추구합니다. 이는 성경 전체를 그리스도 중심으로 읽어 나갈 때 일어나는 반가운 소식입니다.

1 성경 그 자체를 따라

《리딩지저스》는 성경이 하나님의 영감으로 기록되었으며, 스스로 권위를 입증하는 말씀이라고 고백합니다. 이러한 신앙고백 위에서 성경이 기록된 원래 목적과 의미를 발견할 수 있도록 우리에게 성경이 주어진 그 자체를 순서대로 따라가며 성경을 통독합니다.

2 신뢰할 수 있는 신학적 틀

《리딩지저스》는 웨스트민스터 신학교의 "구약성경과 그리스도", "신약성경과 그리스도" 강의를 바탕으로 제작되어 온 교회가 신뢰하며 따라갈 수 있는 성경읽기의 신학적 틀을 제공합니다.

3 균형 있게 통합된 성경통독 교재

- 1부 성경읽기: 매일 일정한 분량씩 읽는 성경읽기
- 2부 성경수업: 성경 각 권을 그리스도 중심으로 해설한 성경수업
- 3부 성경나눔: 성경읽기와 성경수업의 내용을 바탕으로 공동체가 함께 기도와 예배, 삶의 변화로 나아가는 성경나눔

4 그리스도 중심으로 창세기부터 요한계시록까지 일 년에 일독하는 과정(45주)

- 1권: 창세기–여호수아(7주)
- 2권: 사사기–에스더(8주)
- 3권: 욥기–아가(7주)
- 4권: 이사야–말라기(9주)
- 5권: 마태복음–로마서(7주)
- 6권: 고린도전서–요한계시록(7주)

그리스도 중심 성경읽기

성경은 단숨에 읽을 수 있는 책이 아닙니다. 1,500년에 걸쳐서 기록되었고, 66권으로 이루어져 있는 두꺼운 책입니다. 이야기와 시, 예언과 잠언, 묵시 문학 등 다양한 장르로 기록되었고, 한 번에 이해하기 어려운 본문도 많이 있습니다. 따라서 성경읽기에는 반드시 건강한 신학을 기반으로 하는 틀이 필요합니다.

《리딩지저스》는 온 교회가 신뢰하며 따라갈 수 있는 신학적 틀을 제공합니다. 100년에 가까운 기간 동안 성경에 계시된 그리스도를 붙들고 달려온 미국 웨스트민스터 신학교의 "구약성경과 그리스도", "신약성경과 그리스도" 강의가 그 내용의 토대가 되기 때문입니다. 《리딩지저스》가 안내하는 그리스도 중심 성경읽기는 다음과 같은 특징이 있습니다.

1 성경 속 하나님의 큰 그림을 보여 줍니다

《리딩지저스》는 하나님의 큰 뜻이 예수 그리스도를 통해 어떻게 이루어져 가는지를 보여 줍니다. 성경을 줄거리나 배경지식 위주로 읽거나 각 권의 주제와 쟁점에 초점을 맞춰 살피는 방식보다는, 복음의 발자취를 따라 창세기부터 요한계시록까지 성경 전체를 그리스도 중심으로 읽도록 안내하고, 삶에 적용 가능한 관점을 제공합니다.

2 예배하는 마음으로 성경을 읽도록 돕습니다

《리딩지저스》는 성경이 하나님의 영감으로 기록되었으며, 스스로 권위를 입증하는 말씀이라고 고백합니다. 이러한 신앙고백 위에서 성경이 기록된 원래 목적과 의미를 발견하여 성경 전체에서 예수 그리스도의 복음을 만나도록 돕습니다. 그 복음은 우리를 하나님께 영광을 돌리게 만들고, 이때 성경읽기는 하나님을 영화롭게 하는 예배가 됩니다.

3 삶의 변화로 이어지는 성경의 핵심을 전합니다

《리딩지저스》는 성경의 다양한 내용이 어떻게 하나의 이야기로 조화를 이루는지와 성경의 핵심 메시지와 어떻게 연결이 되는지를 보여 줍니다. 그리고 지금까지 많이 들어온 구약성경의 여러 인물과 이야기들이 어떻게 예수 그리스도를 향해 나아가는지와 어떻게 신약성경과 연결되는지를 안내합니다. 성경의 메시지를 선명히 알고 하나님의 뜻을 깨달을 때, 우리 삶은 진정으로 변화할 것입니다.

《리딩지저스》 활용 예시

| 충현교회 choonghyunchurch.or.kr

- 《리딩지저스》를 전 교인 성경통독에 활용
- 2022년 2,289명이 성경통독에 참여
- 주일 설교를 통독 일정과 연계하여 진행

| 대구동신교회 ds-ch.org

- 《리딩지저스》를 훈련교육과정인 성경통독반에 활용
- 2022년 1,300명이 성경통독반에 참여
- 기수별로 통독 참여자를 모집하여 진행

성경통독 활용하기

《리딩지저스》는 성경 전체를 그리스도 중심으로 읽기 원하는 사람은 누구나 쉽게 활용할 수 있습니다. 《리딩지저스》에서 제공하는 45주 성경통독 스케줄에 따라 매일 성경을 읽어 가며 《리딩지저스》 교재와 영상을 성경읽기 길잡이로 삼으세요. 《리딩지저스》를 활용하면 하루에 5장 남짓 성경을 읽으면서 특별한 주간이나 한 권의 교재가 끝날 때마다 한 주씩 쉬어 가더라도 일 년에 성경 일독이 가능합니다.

개인 활용법

그리스도 중심 성경읽기로 일 년에 성경 일독을 실천하고 성경을 정확하고 풍성하게 읽어 나가는 힘을 기를 수 있습니다.

공동체 함께 읽기

공동체가 소그룹으로 함께 모여 성경통독을 할 경우 더욱 풍성하고 효과적인 그리스도 중심 성경읽기를 할 수 있습니다.

전 교인 활용법

전 성도가 함께 그리스도 중심으로 일 년에 성경 일독을 할 수 있습니다.

1

개인 활용법

통독 준비

- 《리딩지저스》 교재를 준비합니다. 교재는 1권(창세기-여호수아)부터 준비하여 시작합니다. 먼저 '구약성경 개관'을 읽고 《리딩지저스》와 함께 그리스도 중심으로 성경을 읽는 것의 큰 그림을 이해합니다.

주일

- '이번 주 성경읽기표'를 확인합니다.
- 이번 주에 해당하는 리딩지저스 영상을 시청합니다. (약 10-13분 소요)
- 성경수업의 레슨 1-5를 읽습니다. (약 15-20분 소요)

월요일-토요일

- 매일에 해당하는 '성경읽기 해설'을 읽고 통독 길잡이로 삼습니다.
- 통독표에 따라 성경을 읽습니다.

마무리

- 3부 성경나눔의 '성경수업 돌아보기' 문제들을 풀어 봅니다.
- '나눔 질문'에 답을 하며, 한 주 동안 깨달은 은혜를 나의 삶에 어떻게 적용할지 생각해 봅니다.
- '기도로 함께 소망하며'와 '하나님을 향한 찬양'으로 마무리합니다.

소그룹 운영

- 《리딩지저스》 교재와 영상을 활용하면 누구나 어렵지 않게 소그룹 리더로 섬길 수 있습니다. 적게는 3-4명, 많게는 10-12명으로 소그룹을 구성하고, 리더를 정합니다.

주일

- 담당 교역자가 공유하는 리딩지저스 영상 링크를 소그룹 단체 채팅에 공유합니다.

월요일—토요일

- 담당 교역자가 공유하는 그날의 '성경읽기 해설'을 소그룹 단체 채팅에 공유합니다.
- 해당 성경 본문을 다 읽고 '완독' 또는 '(예) 창세기 1-5장 다 읽었습니다'라고 메시지를 남깁니다.
- 성경을 읽고 느낀 은혜를 짧게 나눌 수 있습니다.

모임

- '성경수업 돌아보기' 문제(빈칸 채우기)를 함께 풀어 봅니다.
- '나눔 질문'을 읽고 서로 돌아가며 자신의 이야기를 나눕니다.
- '기도로 함께 소망하며'에 기도 제목을 적고 서로를 위해 기도합니다.
- '하나님을 향한 찬양'의 시편을 함께 읽고 마무리합니다.

전 교인 활용법

목회 활용

- 《리딩지저스》는 목회의 현장에서 다양하게 활용될 수 있습니다. 특별히 교재와 영상을 활용하며 전 교인 성경통독과 주일 예배 설교가 함께 나아갈 때 그 열매가 가장 풍성할 것입니다.

새벽 설교

- 1부 성경읽기는 '기본 읽기'와 '핵심 읽기'로 나뉩니다.
- '핵심 읽기'에서 본문을 선택하여 새벽 설교를 준비할 수 있습니다.

주일 설교

- 한 주간 읽은 성경 범위에서 주요 본문을 선택합니다.
- 교재를 참고하여 본문이 담고 있는 그리스도 중심의 핵심을 전달합니다.
- 《리딩지저스》 성경통독을 통해 본문의 문맥을 이해하고 있는 청중에게 메시지를 전달하는 효과가 있습니다.

소그룹

- 주일 오후, 리딩지저스 영상 링크를 소그룹 리더에게 공유합니다.
- 매일 오전, 성경읽기 해설을 소그룹 리더에게 공유합니다. (성경읽기 해설은 리딩지저스 웹사이트에서 다운로드 가능)
- 간단한 설문을 통해 완독률과 소감 등을 확인하고 나눌 수 있습니다.

그리스도 중심 성경읽기 리딩지저스의 독특함과 차별성

웹사이트 readingjesus.net

리딩지저스 웹사이트의 라이브러리를 통해 성경읽기 해설, 리더 가이드와 교재 관련 자료들을 만날 수 있습니다.

리딩지저스 영상 & 오디오 바이블

스토리텔링 형식으로 구성한 **리딩지저스 영상**을 통해 교재의 성경수업 내용을 보다 쉽게 접근할 수 있습니다. 또한 45주 성경통독 일정에 맞추어 제작된 **오디오 바이블**을 통해 매일의 성경통독 분량을 부담 없이 완독할 수 있습니다.

컨퍼런스

리딩지저스 컨퍼런스는 그리스도 중심 성경읽기의 중요성을 확인하고 말씀으로 교회가 하나되는 구체적인 사례와 방법론을 제시합니다.

인도자 세미나

리딩지저스 인도자 세미나는 그리스도 중심 성경읽기의 중요성에 공감하여 《리딩지저스》 교재와 영상을 활용하고자 하는 목회자들을 돕기 위해 준비한 프로그램입니다. 1) 전 교인 성경통독, 2) 그리스도 중심 설교, 3) 소그룹 모임 운영을 할 수 있도록 안내합니다.

교재 활용법

《리딩지저스》는 성경을 매일 일정한 분량씩 읽는 **성경읽기**와 성경 각 권을 그리스도 중심으로 해설한 **성경수업**, 그리고 이 두 가지를 바탕으로 한 **성경나눔**으로 구성된 성경공부 교재입니다.

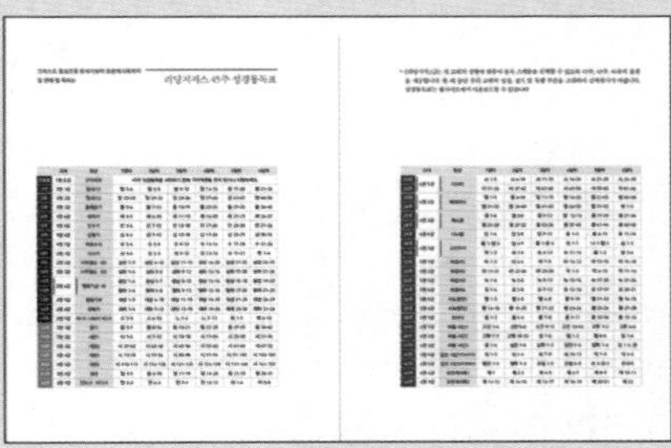

리딩지저스 45주 성경통독표

45주 플랜을 따라 그리스도 중심으로 창세기부터 요한계시록까지 일 년에 일독하는 성경통독표입니다. 45주, 43주, 40주 성경통독표는 웹사이트에서 다운로드할 수 있습니다.

《리딩지저스》 2권 성경읽기 스케줄

매일의 '기본 읽기' 분량과 핵심 주제를 안내하는 스케줄입니다. 2권은 8주 동안 사사기부터 에스더까지 성경을 통독합니다.

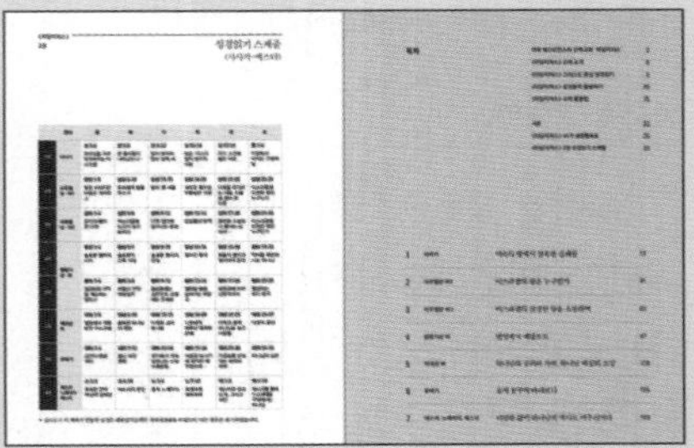

1부 성경읽기

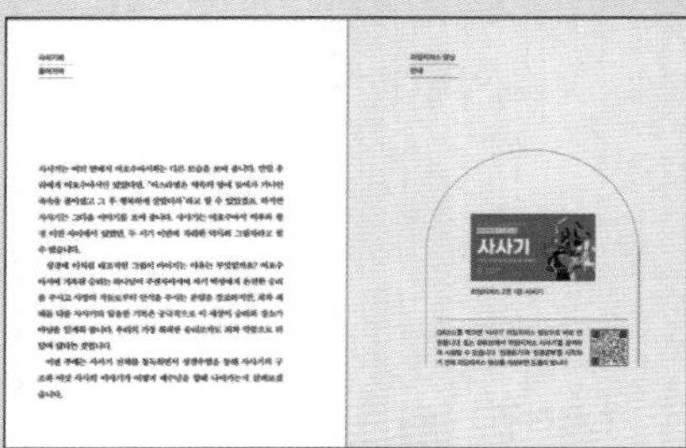

들어가며

이번 주의 1부 성경읽기 범위와 2부 성경수업의 내용을 소개합니다.

리딩지저스 영상 안내

이번 주의 리딩지저스 영상을 소개합니다. QR코드를 찍으면 해당 영상으로 연결됩니다.

이번 주 성경읽기 스케줄

이번 주의 성경읽기 스케줄을 보여 줍니다. '기본 읽기'와 '핵심 읽기' 중 한 가지를 선택하여 그 날의 성경 본문을 읽은 후, 빈칸에 '완독' 표시를 합니다.

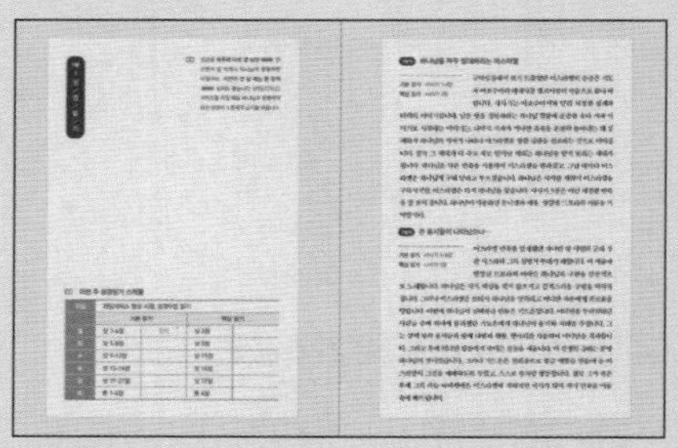

성경읽기 해설

그 날 읽을 성경 본문의 내용을 요약한 해설입니다. 리딩지저스 웹사이트의 라이브러리에서도 다운로드할 수 있습니다.

2부 성경수업

Lesson

이번 주 성경읽기와 함께 읽을 성경수업 내용입니다. 각 레슨은 미국 웨스트민스터 신학교의 "구약성경과 그리스도", "신약성경과 그리스도" 강의를 한국 교회 성도의 눈높이에 맞추어 쉽고 알차게 재구성했습니다.

리딩지저스

'리딩지저스' 페이지는 성경수업에서 다룬 이야기가 어떻게 예수 그리스도를 향해 나아가는지, 그리고 그것이 성도의 삶에 어떤 의미를 부여하는지를 보여 줍니다.

READING JESUS

3부 성경나눔

한눈에 보기

이번 주의 성경수업 내용을 한 눈에 볼 수 있도록 압축 요약하여 보여 줍니다. '한눈에 보기'를 읽으며 3부 성경나눔을 시작합니다.

성경수업 돌아보기

2부 성경수업에서 학습한 내용을 확인하는 빈칸 채우기 문제입니다. 오른쪽 페이지 하단의 정답을 참고합니다.

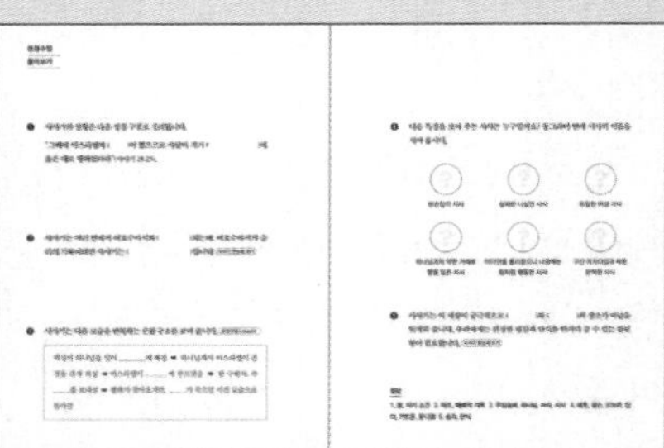

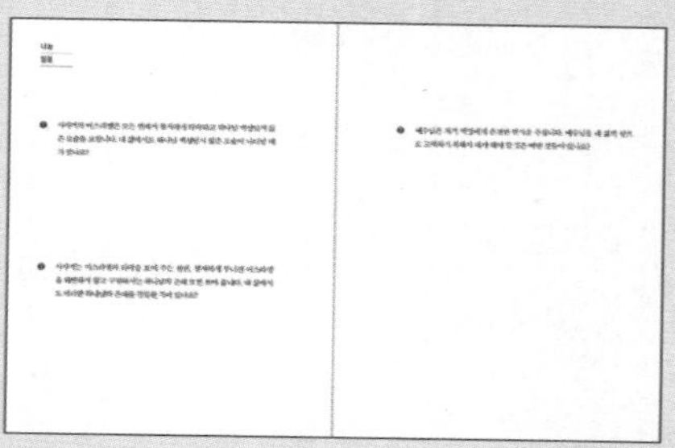

나눔 질문

이번 주 성경읽기와 성경수업을 통해 받은 은혜를 묵상하고 나눌 수 있는 나눔 질문입니다. 여백에 나의 이야기를 적으며, 성경통독 신앙 다이어리로 활용할 수 있습니다.

기도로 함께 소망하며

서로의 기도 제목을 나누고 함께 기도할 수 있도록 안내합니다. 성경통독 기도 수첩으로 활용할 수 있습니다.

하나님을 향한 찬양

하나님께 올려드리는 시편 찬양으로 한 주의 성경읽기, 성경수업, 성경나눔을 마무리합니다.

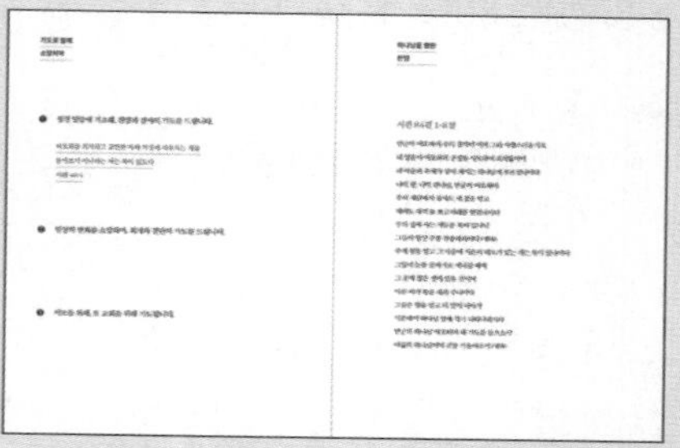

리딩지저스 2: 사사기-에스더
우리를 도우시는 하나님

2022년 2월 25일 초판 1쇄 발행
2024년 2월 23일 2판 5쇄 발행

지은이 이안 더귀드
편역 웨스트민스터프레스코리아 편집부
펴낸이 권혁민

주식회사 웨스트민스터프레스코리아
주소 서울특별시 강동구 천중로 213, 520호
전화 02-2289-9081
이메일 readingjesus@wts.edu
등록 2020년 12월 30일

READING JESUS 2

그리스도 중심 성경읽기 리딩지저스

READING JESUS 2

사사기-에스더: 우리를 도우시는 하나님

이안 더귀드

그리스도를 바라보게 하는 이스라엘 역사

《리딩지저스》 2권은 사사기에서 구약성경 마지막 때까지 1,000년이 넘는 장구한 구약시대 역사를 다룹니다. 이 역사에서 우리가 주목할 점은 집요하게 죄를 범하며 타락하는 인간 세상과 그럼에도 언약을 지키며 은혜를 베푸시는 하나님입니다. 그리고 절망적 세상을 구하려고 계속해서 등장하는 불완전한 '구세주'들의 모습을 통해 우리는 앞으로 오실 참된 구세주 예수 그리스도를 바라보게 됩니다.

이스라엘은 40년 광야 생활을 마치고 마침내 하나님의 약속대로 가나안 땅에 진입하지만, 사사기가 시작되자마자 죄를 짓고 구원받은 후 다시 죄를 짓는 악순환에 빠집니다. 그들의 유일한 구원의 길은 하나님이 세우신 사사들이었으나 잠시뿐이었습니다. 사사가 살아 있을 때는 평화와 안식을 누리는 듯하다가 그가 죽으면 다시 이전 모습으로 돌아갑니다. 결국 이스라엘은 점점 내리막길을 걸으며 전적으로 타락하는 수준까지 떨어집니다. 인간 사사들은 그 누구도 영원한 구원자가 될 수 없으며, 영원한 삶과 안식을 주실 참된 왕이 오셔야만 이 악순환의 고리가 끊어지리라는 점을 사사기는 잘 보여 줍니다.

이 같은 절망적 상황에 잠시 여명이 비치듯 하나님의 경건한 사사 사무엘이 등장합니다. 하지만 이스라엘은 하나님을 신뢰하기보다는 자신들이 원하는 길을 선택합니다. 결국 하나님의 사사를 거부하고 왕정 제도를 요구합니다. 그런데도 은혜의 하나님은 그들의 요청을 뿌리치지 않으시고 사울을 왕 위에 앉혀 주십니다. 사울이 실격자로 전락하자, 또다시 은혜를 베푸셔서 하나님 마음에 합한 다윗을 왕으로 세우시고 그를 통해 영원한 하나님 나라를 세우겠다고 언약을 맺으십니다. 드디어 하나님의 약속이 이루어지는 듯합니다. 하지만 하나님의 위대하심과 주권을 선포했던 다윗 역시 연약한 죄인이었고, 사무엘서는 다윗의 내리막길을 씁쓸하게 기록하며 막을 내립니다. 인간 다윗은 이스라엘의 궁극적 소망이 아니었고, 오직 종으로 오실 왕, 다른 이들을 위해 자기 전부를 내주시고 십자가에서 죽기까지 자기 백성을 사랑하실 진정한 메시아가 오셔야 했습니다.

이어지는 열왕기의 역사는 솔로몬을 비롯한 여러 왕과 이스라엘 백성의 처참하도록 심각한 죄성을 낱낱이 드러냅니다. 열왕기 저자는 솔로몬의 사후에 다윗의 왕국이 어떻게 북쪽 이스라엘과 남쪽 유다로 나뉘는지, 찬란했던 솔로몬의 영광이 어떻게 불순종으로 퇴색하는지, 그리고 이스라엘 백성이 어떻게 바벨론으로 유배되는지를 보여 주면서 이스라엘의 비참한 패망을 상세히 기록합니다. 성경이 이 같은 역사를 통해 보여 주는 것은 죄인을 심판하시고 동시에 다윗과의 언약을 지키시는 심판과 은혜의 하나님입니다. 또한 왕들의 계속된 실패를 통해 앞으로 오실 완전한 왕을 바라보게 합니다. 사무엘서, 열왕기와 동시대 역사를 기록한 역대기는 같은 내용을 불필요하게 반복해서 조합한 책이라는 오해를 흔히 받습니다. 하지만 역대기는 유배기 이후 이스라엘을 향해 중요한 신학적 안목과 메시지를 제시합니다. 즉 다윗 왕조가 없어져도 하나님은 여전히 역사 속에서 일하시며, 신실한 자들에게는 복을 주시고 신실하지 않은 자들은 과거처럼 심판하신다는 것입니다.

죄로 물든 북왕국 이스라엘이 먼저 앗수르에게 멸망하고, 그 후 남왕국 유다도 바벨론에 멸망하면서 바벨론 유배기가 시작됩니다. 첫 포로가 잡혀간 지 수십 년 후에 바사 왕 고레스가 유대인들을 돌려보냄으로써 하나님의 약속이 성취됩니다. 이때 돌아온 하나님의 백성은 하나님이 학개와 스가랴 선지자를 통해 주신 말씀에 따라 무너진 성전을 재건합니다. 성전 재건에 담긴 의미는 단지 건물을 재건축하거나 종교 행위를 부활시키는 것이 아니었습니다. 은혜의 하나님이 신실하게 언약을 지키시면서 하나님 백성 가운데 다시 거하신다는 뜻이었습니다.

이 같은 구약 역사는 얼핏 보면 이스라엘 백성의 죄로 인해 실패와 좌절로 얼룩진 비극의 역사인 듯합니다. 하지만 그게 전부는 아닙니다. 신실하게 언약을 지키시는 은혜의 하나님이 계시기 때문입니다. 하나님은 반드시 약속하신 대로 자기 백성에게 복을 주시며, 무엇보다 하나님 백성을 대신해 고통받을 대속물을 통해, 그리고 이스라엘을 대신해 언약을 지킬 그분을 통해, 자신의 언약을 성취하실 것입니다. 그분이 바로 예수 그리스도입니다. 그분이 오셔서 하나님의 모든 언약을 이루실 것입니다. 비극적 결론으로 문을 닫는 듯한 구약성경은 바로 이 소망을 품고 새로운 문을 열면서 신약성경으로 이어집니다.

그리스도 중심으로 창세기부터 요한계시록까지
일 년에 일독하는

리딩지저스 45주 성경통독표

	교재	영상	1일차	2일차	3일차	4일차	5일차	6일차
인트로	1권 도입	구약개관	45주 성경통독을 시작하기 전에 구약개관을 먼저 읽거나 시청하세요.					
1주	1권 1강	창세기 1	창 1-4	창 5-8	창 9-12	창 13-16	창 17-20	창 21-24
2주	1권 2강	창세기 2	창 25-28	창 29-32	창 33-36	창 37-40	창 41-45	창 46-50
3주	1권 3강	출애굽기	출 1-6	출 7-12	출 13-19	출 20-26	출 27-33	출 34-40
4주	1권 4강	레위기	레 1-5	레 6-10	레 11-15	레 16-20	레 21-25	레 26-27
5주	1권 5강	민수기	민 1-6	민 7-12	민 13-18	민 19-24	민 25-30	민 31-36
6주	1권 6강	신명기	신 1-6	신 7-12	신 13-18	신 19-24	신 25-29	신 30-34
7주	1권 7강	여호수아	수 1-4	수 5-8	수 9-12	수 13-16	수 17-20	수 21-24
8주	2권 1강	사사기	삿 1-4	삿 5-8	삿 9-12	삿 13-16	삿 17-21	룻 1-4
9주	2권 2강	사무엘상·하 1	삼상 1-5	삼상 6-10	삼상 11-15	삼상 16-20	삼상 21-25	삼상 26-31
10주	2권 3강	사무엘상·하 2	삼하 1-4	삼하 5-8	삼하 9-12	삼하 13-16	삼하 17-20	삼하 21-24
11주	2권 4강	열왕기상·하	왕상 1-4	왕상 5-7	왕상 8-10	왕상 11-14	왕상 15-18	왕상 19-22
12주			왕하 1-4	왕하 5-8	왕하 9-12	왕하 13-16	왕하 17-20	왕하 21-25
13주	2권 5강	역대상·하	대상 1-5	대상 6-10	대상 11-15	대상 16-20	대상 21-25	대상 26-29
14주	2권 6강	유배기	대하 1-6	대하 7-12	대하 13-18	대하 19-24	대하 25-30	대하 31-36
15주	2권 7강	에스라·느헤미야·에스더	스 1-5	스 6-10	느 1-6	느 7-13	에 1-5	에 6-10
16주	3권 1강	욥기	욥 1-7	욥 8-14	욥 15-21	욥 22-28	욥 29-35	욥 36-42
17주	3권 2강	시편 1	시 1-6	시 7-12	시 13-18	시 19-24	시 25-30	시 31-36
18주	3권 3강	시편 2	시 37-42	시 43-48	시 49-54	시 55-60	시 61-66	시 67-72
19주	3권 4강	시편 3	시 73-78	시 79-84	시 85-90	시 91-96	시 97-102	시 103-109
20주	3권 5강	시편 4	시 110-115	시 116-120	시 121-125	시 126-130	시 131-140	시 141-150
21주	3권 6강	잠언	잠 1-5	잠 6-10	잠 11-15	잠 16-20	잠 21-25	잠 26-31
22주	3권 7강	전도서·아가	전 1-3	전 4-6	전 7-9	전 10-12	아 1-4	아 5-8

• 《리딩지저스》는 개 교회의 상황에 맞추어 통독 스케줄을 선택할 수 있도록 45주, 43주, 40주의 플랜을 제공합니다. 한 해 동안 우리 교회의 일정, 절기 및 특별 주간을 고려하여 선택하길 바랍니다. 성경통독표는 웹사이트에서 다운로드할 수 있습니다.

	교재	영상	1일차	2일차	3일차	4일차	5일차	6일차
23주	4권 1강	이사야	사 1-5	사 6-10	사 11-15	사 16-20	사 21-25	사 26-30
24주			사 31-36	사 37-42	사 43-48	사 49-54	사 55-60	사 61-66
25주	4권 2강	예레미야	렘 1-5	렘 6-10	렘 11-15	렘 16-20	렘 21-25	렘 26-30
26주			렘 31-35	렘 36-40	렘 41-45	렘 46-50	렘 51-52	애 1-5
27주	4권 3강	에스겔	겔 1-4	겔 5-8	겔 9-12	겔 13-16	겔 17-20	겔 21-24
28주			겔 25-28	겔 29-32	겔 33-36	겔 37-40	겔 41-44	겔 45-48
29주	4권 4강	묵시문학과 다니엘	단 1-4	단 5-8	단 9-12	호 1-5	호 6-10	호 11-14
30주	4권 5강	소선지서	욜 1-암 3	암 4-9	옵 1-욘 4	미 1-7	나 1-합 3	습 1-3
31주			학 1-2	슥 1-5	슥 6-10	슥 11-14	말 1-2	말 3-4
32주	5권 1강	복음서 1	마 1-3	마 4-6	마 7-9	마 10-12	마 13-15	마 16-18
33주	5권 2강	복음서 2	마 19-21	마 22-24	마 25-28	막 1-5	막 6-10	막 11-16
34주	5권 3강	복음서 3	눅 1-4	눅 5-8	눅 9-12	눅 13-16	눅 17-20	눅 21-24
35주	5권 4강	복음서 4	요 1-4	요 5-8	요 9-12	요 13-16	요 17-19	요 20-21
36주	5권 5강	사도행전 1	행 1-3	행 4-5	행 6-8	행 9-10	행 11-13	행 14-15
37주	5권 6강	사도행전 2	행 16-18	행 19-20	행 21-22	행 23-24	행 25-26	행 27-28
38주	5권 7강	로마서	롬 1-3	롬 4-6	롬 7-8	롬 9-11	롬 12-14	롬 15-16
39주	6권 1강	바울 서신 1	고전 1-4	고전 5-8	고전 9-12	고전 13-16	고후 1-3	고후 4-6
40주	6권 2강	바울 서신 2	고후 7-9	고후 10-13	갈 1-6	엡 1-3	엡 4-6	빌 1-4
41주	6권 3강	바울 서신 3	골 1-4	살전 1-5	살후 1-3	딤전 1-6	딤후 1-4	딛-몬
42주	6권 4강	일반 서신 1(히브리서)	히 1-3	히 4-6	히 7-9	히 10-13	약 1-3	약 4-5
43주	6권 5강	일반 서신 2(요한일서)	벧전 1-5	벧후 1-3	요일 1-3	요일 4-5	요이-요삼	유다서
44주	6권 6강	요한계시록 1	계 1	계 2-3	계 4-5	계 6-7	계 8-9	계 10-11
45주	6권 7강	요한계시록 2	계 12-13	계 14-15	계 16-17	계 18-19	계 20-21	계 22

성경읽기 스케줄
(사사기-에스더)

	영상	월	화	수	목	금	토
1주	사사기	삿 1-4 하나님을 자꾸 잊어버리는 이스라엘	삿 5-8 큰 용사들이 나타났으나…	삿 9-12 빛이 보이지 않는 암흑 속	삿 13-16 삼손, 이스라엘의 빛이자 어둠	삿 17-21 자기 소견에 옳은 대로	룻 1-4 이방에서 비치는 구원의 빛
2주	사무엘 상·하 1	삼상 1-5 빛은 비치지만 어둠은 계속되고	삼상 6-10 우리에게 왕을 주소서	삼상 11-15 왕이 된 사울	삼상 16-20 새로운 왕으로 부름받은 다윗	삼상 21-25 다윗을 죽이려는 사울, 사울을 살려 준 다윗	삼상 26-31 이스라엘의 진정한 왕은 누구인가
3주	사무엘 상·하 2	삼하 1-4 유다의 왕이 된 다윗	삼하 5-8 이스라엘에 드디어 빛이 비치다	삼하 9-12 다윗 집안에 일어나는 혼란	삼하 13-16 압살롬의 반역	삼하 17-20 혼란은 수습되나 불씨는 남아서…	삼하 21-24 이스라엘의 진정한 왕은 누구인가
4주	열왕기 상·하	왕상 1-4 솔로몬 통치의 시작	왕상 5-7 솔로몬의 건축 사업	왕상 8-10 솔로몬 통치의 정점	왕상 11-14 찢어진 왕국	왕상 15-18 왕들의 행적과 엘리야의 등장	왕상 19-22 역사를 주관하시는 하나님
5주		왕하 1-4 엘리야의 사역을 계승하는 엘리사	왕하 5-8 이들이 언약 백성일까	왕하 9-12 불순종에는 심판으로, 순종에는 은혜로	왕하 13-16 멸망을 향해 달려가는 북왕국	왕하 17-20 북왕국에 이어 남왕국까지	왕하 21-25 멸망하는 유다 왕국
6주	역대상·하	대상 1-5 열방에서 부름받은 이스라엘	대상 6-10 회복된 하나님의 영광	대상 11-15 다윗과 그의 용사들	대상 16-20 다윗에게 베푸신 영원한 은혜	대상 21-25 다윗과 함께 하나님을 섬긴 사람들	대상 26-29 다윗의 말년
7주	유배기	대하 1-6 성전이 완공되다	대하 7-12 끝나 버린 영광	대하 13-18 유다에서 계속 일어나는 신앙 부흥운동	대하 19-24 여호와 보시기에 정직히 행하였으나…	대하 25-30 지겹도록 반복되는 범죄와 회복	대하 31-36 하나님의 심판
8주	에스라 느헤미야 에스더	스 1-5 회복된 언약 백성의 정체성	스 6-10 에스라의 헌신	느 1-6 총독 느헤미야	느 7-13 회개하며 회복하며	에 1-5 에스더와 모르드개, 그리고 하만	에 6-10 에스더를 통해 이스라엘을 구원하시는 하나님

• **일러두기** 이 책에서 인용한 성경은 대한성서공회의 개역개정판을 따랐으며, 다른 판본은 표기하였습니다.

목차

1

사사기

성경읽기 사사기 1-21장, 룻기 1-4장

성경수업 약속의 땅에서 참혹한 실패를

성경나눔

사사기에 들어가며

사사기는 여러 면에서 여호수아서와는 다른 모습을 보여 줍니다. 만일 우리에게 여호수아서만 있었다면, "이스라엘은 약속의 땅에 들어가 가나안 족속을 몰아냈고 그 후 행복하게 살았더라"라고 할 수 있었겠죠. 하지만 사사기는 그다음 이야기를 보여 줍니다. 사사기는 여호수아서 이후와 왕정 이전 사이에서 있었던, 두 시기 이면에 자리한 역사의 그림자라고 할 수 있습니다.

성경에 이처럼 대조적인 그림이 이어지는 이유는 무엇일까요? 여호수아서에 기록된 승리는 하나님이 주권자이시며 자기 백성에게 온전한 승리를 주시고 사방의 적들로부터 안식을 주시는 분임을 강조하지만, 죄와 패배를 다룬 사사기의 암울한 기록은 궁극적으로 이 세상이 승리의 장소가 아님을 일깨워 줍니다. 우리의 가장 위대한 승리조차도 죄와 약함으로 뒤덮여 있다는 것입니다.

이번 주에는 사사기 전체를 통독하면서, 성경수업을 통해 사사기의 구조와 여섯 사사의 이야기가 어떻게 예수님을 향해 나아가는지 살펴보겠습니다.

리딩지저스 영상
안내

리딩지저스 2권 1강: 사사기

QR코드를 찍으면 '사사기' 리딩지저스 영상으로 바로 연결됩니다. 또는 유튜브에서 '리딩지저스 사사기'를 검색하여 시청할 수 있습니다. '성경읽기'와 '성경공부'를 시작하기 전에 리딩지저스 영상을 시청하면 도움이 됩니다.

QR코드를 찍으면 **리딩지저스 오디오 바이블**로 연결됩니다. 45주 성경통독 일정에 맞추어 제작된 **오디오 바이블**을 통해 매일의 성경통독 분량을 부담 없이 완독할 수 있습니다. 그리스도 중심 성경읽기 《리딩지저스》와 함께하는 성경통독을 통해 하나님과 동행하는 하루하루가 되기를 소망합니다.

이번 주 성경읽기 스케줄

주일	리딩지저스 영상 시청, 성경수업 읽기			
	기본 읽기		핵심 읽기	
월	삿 1-4장	완독	삿 2장	
화	삿 5-8장		삿 5장	
수	삿 9-12장		삿 11장	
목	삿 13-16장		삿 16장	
금	삿 17-21장		삿 17장	
토	룻 1-4장		룻 4장	

1일차 하나님을 자꾸 잊어버리는 이스라엘

기본 읽기 사사기 1-4장
핵심 읽기 사사기 2장

구약성경에서 보기 드문 이스라엘의 순종은 지도자 여호수아와 대제사장 엘르아살의 죽음으로 끝나 버립니다. 사사기는 여호수아서와 달리 처절한 실패와 타락의 이야기입니다. 남은 땅을 정복하라는 하나님 말씀에 순종한 유다 지파 이야기로 시작하는 사사기는, 나머지 지파가 가나안 족속을 온전히 몰아내는 데 실패하자 하나님의 사자가 나타나 이스라엘을 향한 심판을 선포하는 것으로 이어집니다. 결국 그 세대가 다 죽고 새로 일어난 세대는 하나님을 알지 못하는 세대가 됩니다. 하나님은 다른 민족을 사용하여 이스라엘을 벌하시고, 그럴 때마다 이스라엘은 하나님께 구해 달라고 부르짖습니다. 하나님은 사사를 세워서 이스라엘을 구하시지만, 이스라엘은 다시 하나님을 잊습니다. 사사기 3장은 이런 처절한 반복을 보여줍니다. 하나님이 사용하신 옷니엘과 에훗, 삼갈과 드보라의 이름을 기억합시다.

2일차 큰 용사들이 나타났으나…

기본 읽기 사사기 5-8장
핵심 읽기 사사기 5장

이스라엘 민족을 압제했던 가나안 왕 야빈의 군대 장관 시스라와 그의 철병거 부대가 패합니다. 이 싸움에 앞장선 드보라와 바락은 하나님의 구원을 감동적으로 노래합니다. 하나님은 자기 백성을 잊지 않으시고 감격스러운 구원을 허락하십니다. 그러나 이스라엘은 또다시 하나님을 망각하고 미디안 자손에게 괴로움을 당합니다. 이번에 하나님이 선택하신 인물은 기드온입니다. 미디안을 두려워하던 사람들 중 하나에 불과했던 기드온에게 하나님이 용기와 지혜를 주십니다. 그는 삼백 명의 용사들과 함께 나팔과 횃불, 항아리를 사용하여 미디안을 격파하고 후에 미디안 왕들까지 죽이는 전공을 세웁니다. 이 전쟁의 승리는 분명 하나님의 것이었습니다. 그러나 기드온은 전리품으로 황금 에봇을 만들어 온 이스라엘이 그것을 예배하도록 두었고, 스스로 왕처럼 행동합니다. 결국 그가 죽은 후에 아들 아비멜렉은 이스라엘에 적대적인 사사가 되어 자기 민족을 어둠 속에 빠뜨립니다.

3일차 빛이 보이지 않는 암흑 속

기본 읽기 사사기 9-12장
핵심 읽기 사사기 11장

사사기 10장부터 등장하는 여러 사사들은 사사의 자질을 의심하게 하는 행동들을 보입니다. 사사 돌라는 별다른 업적이 없었고, 사사 야일은 아들 30명이 30개 고을을 가졌다는 기록만 남깁니다. 심지어 블레셋과 암몬 자손이 이스라엘을 괴롭히자 이스라엘이 하나님께 부르짖지만, 하나님은 차갑게 외면하십니다. 이어서 등장하는 사사 입다는 불량한 행동을 하고 다녔다는 기록이 있을 뿐 아니라, "승리를 주시면 내 집에서 가장 먼저 나와서 나를 영접하는 사람을 번제로 드리겠다"라고 승리에 눈이 멀어 하나님이 혐오하시는 인간을 제물로 드리는 가나안 풍습에 따라 잘못된 서원을 하고 이행하기에 이릅니다. 과연 이스라엘에게 다시 구원의 빛이 비칠까요? 아니면, 하나님이 이스라엘을 버리시고 언약은 깨지고 말까요?

4일차 삼손, 이스라엘의 빛이자 어둠

기본 읽기 사사기 13-16장
핵심 읽기 사사기 16장

이스라엘을 향한 구원의 빛이 단 지파 사람 마노아의 가정에 임합니다. 하나님은 삼손을 이스라엘을 구원할 자로 세우십니다. 삼손은 태어날 때부터 '나실인'으로 구별되어 자랍니다. 그러나 아무리 성경을 읽어 봐도 삼손의 행동은 나실인답지 못합니다. 여색에 빠져 나실인 규정을 아무렇지도 않게 어기는 그의 모습은 우리를 매우 불편하게 합니다. 결국 삼손은 자신이 믿었던 들릴라에게 비밀을 말하고, 그 바람에 포로로 끌려가 양쪽 눈을 잃습니다. 삼손은 블레셋 신전을 무너뜨리며 장렬한 최후를 맞습니다. 이스라엘에게는 삼손보다 나은 하나님의 종이 필요했습니다. 이스라엘에는 정녕 희망이라고는 보이지 않습니다. 하나님의 빛이 보이지 않습니다.

5일차 자기 소견에 옳은 대로

기본 읽기 사사기 17-21장
핵심 읽기 사사기 17장

삼손의 죽음 이후, 사사기는 에브라임 산지에 살던 미가와 단 지파 이야기를 기록하고, 하나님을 섬기는 레위 사람의 첩 이야기를 들려 줍니다. 하나님을 섬기는 레위인이 첩을 거느리고, 제사장 가문이 아닌 집에서 자기 마음대로 신상을 만들어 제사장을 세우고 하나님의 복을 빕니다. 레위인의 첩이 능욕당하고 죽은 사건으로 이스라엘은 자기 동족인 베냐민 지파를 철저하게 도륙합니다. 공중분해 직전의 베냐민 지파를 구원하겠다는 이스라엘의 행동 역시 어처구니없기는 마찬가지입니다. 하나님 백성은 이제 자신의 정체성을 포기한 것만 같습니다. 사사기는 이 시대를 한 줄로 정리합니다. "그때에는 이스라엘에 왕이 없었으므로 사람마다 자기 소견에 옳은 대로 행하였더라"(사사기 17:6).

6일차 이방에서 비치는 구원의 빛

기본 읽기 룻기 1-4장
핵심 읽기 룻기 4장

한 가정이 사사기의 혼란스러운 시대를 피해 모압으로 이주했다가 돌아옵니다. 곧 나오미와 그의 며느리 룻입니다. 룻은 모압 사람으로, 이방인이었으나 시어머니를 신실하게 따르며 섬겼습니다. 나오미의 고향으로 돌아온 두 사람은 지역 유지인 보아스의 보살핌을 받으며 굶주림을 면합니다. 율법에서 정한 대로 자기 가족에게 상속된 땅을 찾고 싶었던 나오미는 이를 위해 '기업 무를 자'로 보아스를 생각합니다. 사사기의 어둠은 룻과 보아스의 결혼 이야기로 조금씩 그 끝이 보이기 시작합니다. 어둠을 몰아낼 빛은 이스라엘이 아니라 이방에서 빛나고 있었습니다.

2부

성/경/수/업

약속의 땅에서 참혹한 실패를

그때에 이스라엘에 왕이 없으므로
사람이 각기 자기의 소견에 옳은 대로
행하였더라

사사기 21장 25절

Lesson 1 혼돈과 공허로 추락하는 이스라엘

사사 시대의 특징

사사기의 기본 구조는 매우 간단합니다. 가나안에 들어간 세대가 그 땅을 정복하는 데 실패하는 모습을 보여 주는 서론(사사기 1:1-3:6), 죄와 구원을 여섯 번 되풀이하는 과정을 보여 주는 본론(사사기 3:7-16:31), 일종의 부록으로서 전적으로 타락한 인간의 적나라한 모습을 보여 주는 결론(사사기 17:1-21:25)의 구조입니다. 사사기의 서론과 결론은 서로 연결되어, 서론에서는 사회적 분열이 종교적 혼돈으로 이어지는 모습을 보여 주고, 결론부는 같은 주제를 역순으로 다룹니다. 사사기는 좋은 분위기에서 시작하는 듯하나 결과적으로 이스라엘은 가나안 족속을 정복하기보다 오히려 그들과 함께 거주하게 되고, 정점인 단 지파 이야기에 이르면서 결국 패배하여 다른 지역으로 쫓겨나는 모습을 기록합니다. 이 모습은 하나님이 그들에게 명령하신 정복이 아니었으므로 하나님은 더 이상 가나안 사람들을 쫓아내지 않겠다고 말씀하십니다. 결국 이스라엘은 바알과 아스다롯을 섬기면서 여호수아 시대와는 정반대 모습으로 퇴락합니다.

사사기의 본론은 이스라엘 민족이 죄를 짓고 구원받는 모습을 반복해서 보여 줍니다. 백성이 하나님을 잊고 우상숭배에 빠지면 하나님은 그들이 곤경에 빠지도록 두십니다. 그러면 그들은 하나님께 부르짖고, 하나님은 그들을 곤경에서 끌어내고자 한 구원자, 사사를 보내십니다. 대개는 그 사사가 살아 있는 동안에 평화가 찾아오지만, 사사가 죽고 나면 이전 모습으로 돌아갑니다. 사사기가 진행되는 동안 이러한 주기가 계속 반복되면서, 단순히 악이 반복될 뿐 아니라 점점 더 바닥으로 떨어지는 점진적 하향 구조를 보입니다. 이 가운데 한 이야기로 묶여 있는 기드온과 아비멜렉 이야기는 사사기의 중심부를 이루면서 왕권이라는 주제를 가장 두드러지게 강조합니다. 그러면서 그 이후로 더 이상 이스라엘 백성이 안식을 누리지 못하게 됨을 보여 줍니다.

마지막에 등장하는 삼손 이야기는 사사기 중심부를 관통하는 주제 중 하나이며, 이스라엘이 자신의 사명을 수행하지 못하고 실패하는 모습과 하나님이 심판과 은혜 속에서 그들을 참아 주시는 모습이 가장 고조된 이야기라고 할 수 있습니다. 이렇게 여섯 사사를 중심으로 반복되는 여섯 주기의 사사기는 일종의 역창조 이야기로서, 하나님의 사역은 아름다운 낙원과는 정반대로 전혀 안식이 없는 땅에서의 좌절 가운데 나타납니다. 마치 창조 이전의 '혼돈'과 '공허' 상태라고 할 수 있지요.

사사기는 두 이야기로 결론을 맺는데, 두 이야기는 사사 시대가 배경이지만 연대기 순은 아닙니다. 두 이야기는 개인의 죄에 초점을 맞추면서도 이스라엘이 자신의 도덕적·영적 부패로 인해 그 어느 때보다 더 큰 위험에 직면해 있었음을 증언합니다. 이는 외부의 적들로 인한 위험과는 비교할 수 없을 정도로 큰 위험이었습니다.

Lesson 2 점점 내리막길로

첫 사사 옷니엘,

암살자 사사 에훗,

여성 사사 드보라

첫 번째로 등장하는 사사 옷니엘은 여러 면에서 완벽한 사사로 소개됩니다. 그의 삼촌은 가나안 정복의 영웅 갈렙이며, 아내 악사는 갈렙의 딸이었습니다. 이런 우수한 가족적 배경과 함께 옷니엘은 말 그대로 "두 배로 악한 구산"이라는 뜻을 가진 대적자 구산 리사다임과 싸우게 되는데, 이는 악인의 대명사와 의인의 대명사가 만나는 상황으로 그려집니다. 여호와의 영이 옷니엘에게 임하면서 그는 승리하게 되고 그 후 사십 년간, 즉 성경이 말하는 완벽한 기간에 이스라엘은 평화를 누립니다. 하지만 옷니엘이 죽자 곧 사사기의 고질적 문제가 등장하는데, 이는 그 뒤를 이을 사람이 없다는 것이었습니다. 이러한 승계 문제를 해결하는 한 가지 방법으로 세습 왕정을 도입할 수 있겠지만, 왕정이 이스라엘의 안전한 미래를 보장해 주지는 못합니다. 문제는 통치 제도가 아니라, 이스라엘 백성이 여호와가 아닌 자신들의 지도자를 더 신뢰한다는 점이었습니다. 오직 여호와만이 이스라엘에게 필요한 참되고 영원한 왕이신데도 말이죠. 따라서 완벽한 사사 옷니엘 이후에는 모든 것이 내리막길을 걷습니다.

두 번째 사사는 에훗입니다. 에훗의 이야기는 다소 밋밋했던 옷니엘의

여성 사사 드보라의 등장 자체가 이스라엘의 상황이 얼마나 열악한지를 보여 줍니다. 적에게는 철병거 900대가 있는데 이편에는 여성 한 사람만 있습니다. 하나님이 택하신 바락은 드보라가 함께 가지 않으면 자기는 가지 않겠다고 답합니다. **사사의 자질이 점점 퇴보**하고 있음을 보여 주는 장면입니다.

이야기와는 대조적으로 화려하게 보입니다. 왼손잡이였던 그는 예상치 못한 곳에 칼을 숨기고 적진에 들어갑니다. 그리고 비밀정보기관의 암살자처럼, 이스라엘의 공물로 배를 채워 비대해진 적장 에글론을 살해하고 나와서 이스라엘에 승리를 선포합니다. 하나님은 이스라엘에 80년간의 안식을 주십니다. 그러나 에훗이 죽자 이스라엘은 또다시 여호와의 목전에서 악을 행하고, 하나님이 그들을 하솔 왕 야빈과 그 군대장관 시스라의 손에 넘기시자 이스라엘은 20년간 압제를 받습니다. 그리고 그들은 또다시 여호와께 부르짖습니다.

세 번째 사사는 드보라인데 여성 사사의 등장 자체가 이스라엘의 상황이 얼마나 열악한지를 보여 줍니다. 저편에는 시스라와 철병거 900대가 있는데 이편에는 여성 한 사람만 있습니다. 시스라의 철병거 부대에 맞서 싸울 사람으로 하나님이 택하신 사람은 바락이었지만, 그는 '번개'라는 그의 이름 뜻에 비해 턱없이 모자란 인물이었습니다. 바락은 드보라를 통해 하나님 말씀을 전달받았을 때 믿음으로 담대하게 순종하지 못하고, 오히려 드보라가 함께 가지 않으면 자기는 가지 않겠다고 답합니다. 이는 사사의 자질이 점점 퇴보하고 있음을 보여 주는 장면입니다. 결국 드보라가 함께한다는 사실에 힘을 얻은 바락이 순종하면서 승리를 거두지만, 승리의 결정적 요인은 바락이 아니라 시스라 군대가 행군할 때 비를 쏟아부어 기손 골짜기를 늪지대로 만드신 하나님이었습니다. 하나님은 병거에서 내려 도망치는 시스라를 한 여인의 손에 넘기십니다. 이는 고대 전사로서 대단히 치욕스런 모습일 뿐 아니라, 이스라엘 전사들 또한 승리의 공을 자신에게 돌리지 못하게 되는 것이었습니다. 하나님이 배치해 두신 순서에 따라 시스라는 여인 야일을 간과하는 실수를 범하게 되고, 야일이 방망이로 그를 처치합니다. 결국 바락이 아닌 이방 여인 야일이 이스라엘을 구원하는 결정적인 역할을 하고, 그 모든 일이 하나님이 주도하신 승리임을 증명했습니다.

기드온의 시작과 끝

네 번째 주요 사사 기드온의 이야기 역시 익숙한 내용으로 시작합니다. 이스라엘 자손이 또 악을 행하자 하나님은 그들을 미디안과 아말렉의 손에 넘기십니다. 하지만 여호와는 자비가 많으셔서 심판받아 마땅한 그들을 즉시 심판하시지 않고 구원자 기드온을 부르십니다. 기드온은 얼핏 긍정적으로 보이는 사건들에서도 거의 대부분 부적절하게 행동합니다. 천사가 나타나 "여호와께서 너와 함께 계시도다"(사사기 6:12)라고 말하지만, 그는 두 번이나 이의를 제기하며 변명합니다. 옷니엘과 에훗은 두말없이 부르심에 순종했고 바락도 드보라가 함께 가야 한다는 간단한 조건을 달았을 뿐인데, 기드온은 훨씬 더 머뭇거립니다. 사사의 수준이 점점 떨어지고 있음을 보여 줍니다.

이어지는 전쟁 역시 기드온 편에서 먼저 시작한 것이 아니라, 미디안과 아멜렉 군대가 쳐들어오면서부터 시작됩니다. 여호와의 영이 기드온과 함께하자 그는 나팔을 불어 인근 지파들을 거룩한 전쟁에 참여하도록 불러 모으지만, 바로 그 시점에서 그는 확신을 위한 표적을 두 번씩이나 구합니다. 믿음의 사람답지 못한 모습이죠. 하지만 놀랍게도 하나님은 그를 버리

기드온은 완전한 승리를 합니다. 하지만 그 시점에서 우리가 기대하게 되는 "기드온의 생애 동안 안식이 있었다"라는 말은 없습니다. 그 후 기드온은 아쉽게도 **왕이라도 된 듯이** 행동합니다.

고 더 적합한 영웅을 찾지 않으시고, 오히려 기드온을 부드럽게 다루시면서 그가 원하는 표적을 그대로 보여 주십니다. 이를 통해 우리는 하나님이 연약한 질그릇을 사용하시고 택하신 자의 연약함을 통해 그분의 능력을 드러내시는 분임을 보게 됩니다. 표적을 보여 주신 이후, 하나님은 기드온 군대에 속한 삼만 이천 명 군사를 삼백 명으로 줄이십니다. 그 목적은 구원이 오직 하나님께 있다는 메시지를 전달하고 이스라엘이 스스로 자랑하지 못하게 하시려는 것이었습니다. 결국 기드온은 완전한 승리를 합니다. 하지만 그 시점에서 우리가 기대하게 되는 "기드온의 생애 동안 안식이 있었다"라는 말은 없습니다.

그 후 기드온은 아쉽게도 왕이라도 된 듯이 행동합니다. 백성은 그에게 "당신이 우리를 미디안의 손에서 구원"(사사기 8:22)했다고 높이면서 이스라엘의 왕이 되어 달라고 요청합니다. 그 말을 반박하기는커녕 기드온은 오히려 왕의 전리품인 금귀고리를 요구하며, 출애굽기 32장에서 금송아지를 만든 것처럼 에봇이라는 금 올무를 만들어 자신을 높이고, 왕이 된 자신의 종교를 만듭니다. 결과는 참담했습니다. 이스라엘 백성은 그 에봇을 음란하게 섬겼고, 기드온은 왕의 행세를 하며 우상숭배를 초래하였습니다. 게다가 자기 아들의 이름을 '아비멜렉', 곧 "내 아버지는 왕"이라는 뜻으로 짓습니다. 이는 사사기가 왕정 자체에 해답이 없음을 미리 보여 주는 셈입니다. 기드온에 이르기까지 이스라엘은 일시적이나마 안식을 경험했으나 이 시점 이후로는 전혀 안식을 누리지 못합니다. 오히려 아비멜렉 이후 사사기는 급격히 내리막길로 하강하면서 이스라엘은 적들로부터 구원을 얻은 이후조차도 더 이상 안식을 경험하지 못하게 됩니다.

Lesson 4 망령된 맹세로 딸을 죽이다

입다의 서원

입다의 이야기는 한층 더 악화한 모습으로 시작합니다. 이스라엘이 여호와의 눈앞에서 악을 행하는데 이제는 바알과 아스다롯만 아니라 아람과 시돈의 신들, 모압과 암몬과 블레셋의 신들, 모든 신을 닥치는 대로 섬깁니다(사사기 10:6). 그 결과 여호와는 그 백성을 암몬 자손과 블레셋 사람들에게 넘기시고, 다시 곤경에 빠진 이스라엘은 여호와께 부르짖습니다. 그러나 여호와는 그들을 구하지도 않으시고, 선지자를 보내 회개를 촉구하지도 않으십니다. 결국 암몬 자손이 쳐들어와 길르앗에 진을 치자 길르앗 사람들은 누구든지 전쟁을 이끌 사람을 그들의 머리로 세우겠다고 했는데, 그 제안을 받은 사람이 바로 입다였습니다.

여호와의 영이 입다에게 임하자 입다가 군사를 모아 암몬 자손과 싸우고 여호와는 그들에게 큰 승리를 주시지만, 핵심은 이 이야기에 우연히 들어가 있는 것처럼 보이는 구절입니다(사사기 11:30-31). 승리에 눈이 먼 입다는 어떤 대가를 치르더라도 이기기만을 바랍니다. 그래서 자신이 승리하고 돌아올 때 "누구든지" 그 집에서 나와 그를 맞는 자를 번제물로 드리겠다고 맹세합니다. 전쟁에서 승리하고 돌아오는 병사를 맞아 주는 것은 언제나 여인들이었기 때문에 입다가 인간 제물을 염두에 두었음은 거의 확실합니다. 여기서 우리는 입다 시대의 이스라엘이 얼마나 종교적으로 깊이 타락했는지를 보게 됩니다.

입다는 공적으로는 재판장이신 하나님 손에 일을 맡긴다고 해놓고 뒤에서는 판결이 자기 뜻대로 내려지도록 재판장에게 거래를 제안한 격입니다. 물론 여호와가 암몬 자손을 그의 손에 넘겨주셔서 자신이 기대했던 결과를 얻었지만, 그의 서원이 그를 괴롭힙니다. 돌아오는 그를 맞이한 사람은 그의 외동딸이었습니다. 그녀는 승전한 전사를 맞이하는 전통적 환영의식으로 소고를 잡고 춤을 추며 기쁨으로 아버지를 맞습니다. 입다는 자기 옷을 찢으며 애통하지만 그 와중에도 그의 애곡은 자신을 위한 것이었습니다. "너는 나를 참담하게 하는 자요 너는 나를 괴롭게 하는 자 중의 하나로다"(사사기 11:35)라는 그의 말은 마치 딸이 이 참사의 원인이라고 지적하는 듯합니다. 반면에 입다의 딸은 매우 다른 모습을 보입니다. 딸은 아버지를 비난하지 않고 오히려 여호와가 약속을 지키신 것처럼 아버지도 그 맹세를 지키라고 요청하면서 자신을 완전히 내려놓습니다.

이삭 때와는 달리, 이번에는 입다의 손을 멈추시는 하늘의 소리가 들리지 않습니다. 다른 누군가의 죄 때문에 무고한 자녀가 죽어야 했습니다. 아브라함의 신실함이 바닷가의 모래보다 더 많은 자손을 보는 결과를 가져왔다면, 입다의 '신실함'은 그 가계가 완전히 끊어지는 결과를 초래했습니다. 이것이 입다 이야기의 결론입니다.

Lesson 5 거룩한 나실인의 타락

마지막 사사 삼손

이제 사사기에 등장하는 마지막 사사 삼손의 이야기입니다. 상황은 더더욱 악화하여 이스라엘은 이방 민족에게 억압당하면서도 여호와께 부르짖지 않습니다. 그러한 중에 하나님은 아이 없는 한 부부에게 매우 특별한 아이가 태어나 이스라엘을 구원할 것이라고 예고하십니다. 태어나기 전부터 거룩한 나실인으로 구별된 삼손을 향한 하나님의 계획과 이스라엘을 향한 하나님의 계획은 평행을 이룹니다. 즉 거룩한 나실인으로 구별되고도 전 생애를 통해 실패한 삼손의 이야기는 거룩한 제사장 나라로 부름을 받고도 실패한 이스라엘의 모습을 그대로 반영합니다.

삼손은 자기가 나실인으로 구별되었음을 안중에도 두지 않았습니다. 자기 좋은 대로 블레셋 여인과 결혼하고 싶었던 삼손은 그 여인에게 가는 길에 포도원에서 만난 사자를 맨손으로 죽이는데, 얼마 후 그 여자를 아내로 맞으러 다시 그 길을 지나다가 자기가 죽인 사자에 벌꿀이 고여 있는 것을 발견합니다. 주검이 부정하다는 사실을 무시한 채 꿀을 떠다가 먹고는 부모에게도 갖다주지만 어디서 났는지는 밝히지 않습니다. 그러고는 음주를 즐기는 결혼 잔치를 베풉니다. 이후 들릴라라는 이방 여인에게 빠져서 자

블레셋 사람들에게 잡힌 삼손이 마지막으로 여호와께 부르짖자 하나님이 그의 힘을 회복해 주시지만, 그 힘을 백성을 위해 사용하기보다 **원수를 갚는 데 사용**합니다.

기 힘의 근원을 털어놓고는 몰락의 길을 걷습니다. 블레셋 사람들에게 잡혀간 삼손이 마지막으로 여호와께 부르짖자 하나님이 그의 힘을 회복해 주시지만, 그는 그 힘을 백성을 위해 사용하기보다 원수를 갚는 데 사용합니다. 결국 여호와는 블레셋인들을 삼손의 손에 넘겨주시고 삼손은 다곤 신전을 무너뜨리면서 죽습니다.

우리는 이러한 삼손을 미화하거나 본받으려고 해서는 안 됩니다. 그는 사사기에 등장하는 마지막 사사로서 구원자는 어떤 사람이어야 한다는 우리 기대를 사사로 활동하는 기간 내내 차례차례 모두 무너뜨린 인물이기 때문입니다. 거룩함을 위해 선택되었으나 타락을 선택했으며, 한 주석가의 표현처럼 "죄성의 부산물로 전쟁에 승리를 거두면서 구원자 노릇을 했던, 제멋에 도취한 난봉꾼"으로 살았습니다. 자신을 하나님의 "종"이라고 부르긴 하지만(사사기 15:18) 이스라엘에게 필요한 하나님의 종은 아니었습니다. 삼손의 죽음에는 구원의 요소가 없습니다. 그를 통해 그 땅에 안식이 오지도 않았습니다. 삼손 이야기는 우리에게는 삼손과는 다른, 삼손보다 더 나은 다른 종이 필요함을 똑똑히 보여 줍니다.

사사기의 마지막 다섯 장은 사사기 중심 주제의 결말이며, 전적 타락이 하나님을 완전히 떠난 사람들에게 미치는 영향력을 보여 줍니다. 17-18장의 단 지파 이야기는 종교적 타락의 극치이며, 19-21장은 성적 타락의 극치를 보여 주면서 소돔과 고모라의 범죄가 이스라엘 내부에서 재현되는 듯한 모습입니다. 1장이 각 지파의 연합과 거룩한 전쟁을 보여 준다면, 20장은 처참한 내전 이야기를 보여 주면서 성전(聖戰)은 내전(內戰)으로 바뀌었고 그 내전은 쓰라린 경험만 남기며 끝이 난 것을 기록합니다. 사사기 전체를 통해 하나님은 은혜를 베푸시며 끊임없이 이스라엘에 구원자를 보내시지만, 이스라엘은 점점 더 타락해 갈 뿐이었습니다. 이스라엘에게는 참된 왕이 필요했습니다. 그런 왕이 없어서 모든 이스라엘 백성이 자기 소견에 옳은 대로 행하였기 때문입니다. 어쩌면 이스라엘에게 필요한 것은 인간 왕이 아닐 수도 있었습니다. 이어지는 역사가 그 사실을 보여 줍니다.

READING JESUS

리딩지저스
: 그리스도 중심으로 읽는 사사기

사사기 마지막에 이르러 우리는 한 후렴구를 접합니다. "그때에 이스라엘에 왕이 없으므로 사람이 각기 자기의 소견에 옳은 대로 행하였더라." 혼란 가운데 있던 이스라엘은 왕이 있으면 문제가 해결되지 않을까 생각합니다. 사사가 나타났다가 그가 죽고 나면 다시 리더십의 진공 상태를 경험하는 이스라엘이 단순히 제도를 왕정으로 바꾼다고 해서 그 문제에서 벗어날 리는 없었습니다. 왕이 있다는 것만으로는 충분하지 않았습니다. 그들에게는 참된 왕이 필요했습니다. 이스라엘에 영원한 안식과 삶을 안겨 줄 진정한 왕이 필요했습니다. 그 왕은 누구일까요?

그분은 외적인 거룩함에 그치지 않고 모든 의를 성취하시며 만백성에게 진정한 구원과 생명수를 주시는 분입니다. 또한 그분은 자기 백성을 위해 기꺼이 결박과 조롱을 당하고 채찍질과 죽임을 당하되 대적들에게 원수를 갚기 위해서가 아니라 자기 죽음을 통해 하나님과 원수 된 이들을 하나님과 화목하게 하는, 종의 형체를 지닌 왕이십니다. 새 밧줄이 삼손을 결박하지 못했듯 죽음조차도 감히 결박할 수 없는 분. 장사한 지 사흘 만에 무덤에서 살아나셔서 그 백성에게 온전하고 최종적인 안식을 주시는 분. 그분은 바로 예수 그리스도십니다. 그분은 우리의 진정한 왕이요, 하나님의 아들이며 하나님의 참된 종이십니다. 우리에게는 그 예수님이 필요합니다.

3부

성/경/나/눔

사사기

한눈에 보기

사사기는 여러 면에서 여호수아서와 대조되는데, 여호수아서가 승리의 기록이라면 사사기는 패배의 기록입니다. 여호수아서가 하나님이 주권자이시며 자기 백성에게 승리와 안식을 주시는 분임을 강조한다면, 사사기는 이 세상이 궁극적으로 승리와 안식의 장소가 아님을 일깨워 줍니다. 그래서 사사기는 서론(사사기 1:1-3:6)이 얼핏 좋은 분위기에서 출발하는 듯하나 곧 여호수아서와는 대조적으로 이스라엘이 가나안 땅 정복에 실패하는 모습을 보여 줍니다.

사사기의 본론(사사기 3:7-16:31)은 여섯 명의 주요 사사, 옷니엘, 에훗, 드보라, 기드온, 입다, 삼손을 중심으로 죄와 구원을 되풀이하는 과정을 여섯 번이나 반복해서 보여 줍니다. 이스라엘 백성이 하나님을 잊고 우상숭배에 빠지면 하나님은 그들을 징계하기 위해 이방 민족의 손에 넘기십니다. 곤경에 빠진 그들은 하나님께 부르짖고 하나님은 그들을 곤경에서 끌어내고자 한 구원자, 사사를 보내십니다. 그러면 사사를 통해 이스라엘이 구원받고 사사가 살아 있는 동안은 평화와 안식이 찾아오는 듯합니다. 하지만 사사가 죽고 나면 이스라엘은 곧 이전 모습으로 돌아갑니다. 그런 과정을 반복하면서 사사기는 점점 내리막길로 내려갑니다.

첫 번째 사사 옷니엘은 완벽한 사사의 본보기로 등장합니다. 하지만 그 이후의 사사들과 이스라엘 백성은 모두 영적 하향길을 걷습니다. 두 번째 사사 에훗을 통해 화려한 구원 이야기가 등장하고 그와 함께 이스라엘은 잠시 안식을 누리는 듯하나 그가 죽은 후 그들은 또다시 악을 행하여 이방 나라들의 손에 고통을 겪습니다. 세 번째 여성 사사 드보라를 통해 우리는 당시의 열악한 상황을 엿보게 됩니다. 네 번째 사사 기드온은 영웅적 승리에도 불구하고 온갖 부정적 모습을 보이며, 결국 자칭 왕이 되려 하는 타락한 모습으로 끝을 맺습니다. 입다는 경건한 사사의 모습이 아닌 망언으로 하나님과 거래하는 모습을 보이다가 딸을 잃고 가계가 끊기는 비극으로 마감합니다. 그리고 마지막 주요 사사인 삼손은 가장 경건해야 할 나실인임에도 가장 불경건한 모습으로 살다가 끝을 맺습니다. 사사기의 결론(사사기 17:1-21:25)은 이스라엘이 가나안 족속과 치렀어야 했던 거룩한 전쟁을 서로 싸우는 처참한 비극으로 끝났다는 이야기와, 완전한 무질서에 빠져 종교와 도덕적으로 모두 타락해 버린 이스라엘 모습을 들려줍니다.

결국 사사기는 "그때에 이스라엘에 왕이 없으므로 사람이 각기 자기의 소견에 옳은 대로 행하였더라"라는 말로 끝을 맺습니다. 인간 사사들이 구원자가 되지 못할 뿐 아니라 누구도 영원한 구원자가 될 수 없음을 보여 줍니다. 우리에게는 참된 왕이 필요합니다. 우리에게는 영원한 삶과 안식을 안겨 주는 참된 왕이 필요합니다. 사사 시대 이스라엘에 진정한 평강과 안식을 안겨다 줄 바른 왕이 필요했던 것처럼 말입니다.

성경수업 돌아보기

❶ 사사기의 상황은 다음 성경 구절로 정리됩니다.
"그때에 이스라엘에 (   )이 없으므로 사람이 각기 (   )에 옳은 대로 행하였더라"(사사기 21:25)

❷ 사사기는 여러 면에서 여호수아서와 (   )되는데, 여호수아서가 승리의 기록이라면 사사기는 (   )입니다. (사사기 한눈에 보기)

❸ 사사기는 다음 모습을 반복하는 순환 구조를 보여 줍니다. (성경수업 Lesson1)

백성이 하나님을 잊어 (   )에 빠짐 ➡ 하나님이 이스라엘로 곤경을 겪게 하심 ➡ 이스라엘이 (   )께 부르짖음 ➡ 한 구원자, 즉 (   )를 보내심 ➡ 평화가 찾아오지만, (   )가 죽으면 이전 모습으로 돌아감

❹ 다음 특징을 보여 주는 사사는 누구일까요? 동그라미 안에 사사의 이름을 적어 봅시다.

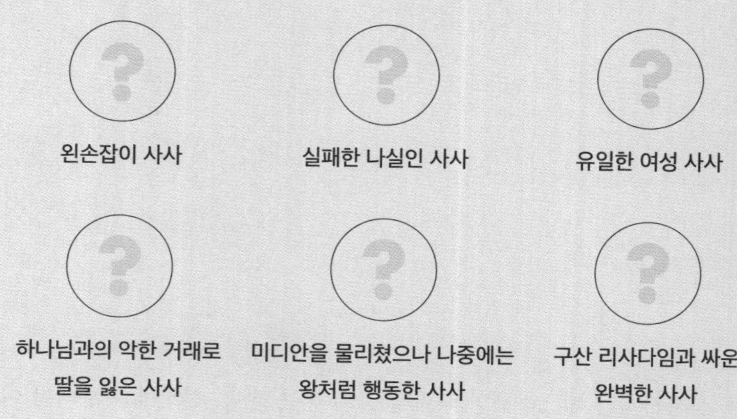

❺ 사사기는 이 세상이 궁극적으로 ( )와 ( )의 장소가 아님을 일깨워 줍니다. 우리에게는 진정한 평강과 안식을 안겨다 줄 수 있는 참된 왕이 필요합니다. (사사기 한눈에 보기)

정답

1. 왕, 자기 소견 2. 대조, 패배의 기록 3. 우상숭배, 하나님, 사사, 사사 4. 에훗, 삼손, 드보라, 입다, 기드온, 옷니엘 5. 승리, 안식

나눔

질문

❶ 사사기의 이스라엘은 모든 면에서 철저하게 타락하고 하나님 백성답지 않은 모습을 보입니다. 내 삶에서도 하나님 백성답지 않은 모습이 나타날 때가 있나요?

❷ 사사기는 이스라엘의 타락을 보여 주는 한편, 철저하게 무너진 이스라엘을 외면하지 않고 구원하시는 하나님의 은혜 또한 보여 줍니다. 내 삶에서도 이러한 하나님의 은혜를 경험한 적이 있나요?

❸ 예수님은 자기 백성에게 온전한 안식을 주십니다. 예수님을 내 삶의 왕으로 고백하는 한 주간이 되기 위해서 내가 실천할 수 있는 것들을 나누어 봅시다.

기도로 함께

소망하며

❶ 성경 말씀에 기초해, 찬양과 감사의 기도를 드립니다.

여호와를 의지하고 교만한 자와 거짓에 치우치는 자를

돌아보지 아니하는 자는 복이 있도다

시편 40:4

❷ 일상의 변화를 소망하며, 회개와 결단의 기도를 드립니다.

❸ 서로를 위해, 또 교회를 위해 기도합니다.

하나님을 향한

찬양

시편 84편 1-8절

만군의 여호와여 주의 장막이 어찌 그리 사랑스러운지요
내 영혼이 여호와의 궁정을 사모하여 쇠약함이여
내 마음과 육체가 살아 계시는 하나님께 부르짖나이다
나의 왕, 나의 하나님, 만군의 여호와여
주의 제단에서 참새도 제 집을 얻고
제비도 새끼 둘 보금자리를 얻었나이다
주의 집에 사는 자들은 복이 있나니
그들이 항상 주를 찬송하리이다 (셀라)
주께 힘을 얻고 그 마음에 시온의 대로가 있는 자는 복이 있나이다
그들이 눈물 골짜기로 지나갈 때에
그 곳에 많은 샘이 있을 것이며
이른 비가 복을 채워 주나이다
그들은 힘을 얻고 더 얻어 나아가
시온에서 하나님 앞에 각기 나타나리이다
만군의 하나님 여호와여 내 기도를 들으소서
야곱의 하나님이여 귀를 기울이소서 (셀라)

2

사무엘상 · 하 1

성경읽기 사무엘상 1-31장
성경수업 이스라엘의 왕은 누구인가
성경나눔

사무엘상·하 1에 들어가며

찰스 디킨스는《두 도시 이야기》에서 18세기 파리의 모습을 "최고의 시절이자 최악의 시절"이라고 묘사했지만, 아마 사무엘서 저자가 자신의 시대를 묘사한다면 "최악의 시절"이라고만 했을 것입니다. 저자는 명예를 잃은 제사장들과 지도자를 잃은 백성을 서두에 소개하면서 사사기의 마지막 모습 이후로 전혀 변한 것이 없음을 보여 주기 때문입니다. 사실 창세기 이후로 변한 것이 없지만 말이죠.

이런 절망적 상황에서 사무엘이 등장하여 마지막 사사 역할을 하게 되는데, 이는 이스라엘 백성이 하나님이 세우시는 사사보다 자신들이 원하는 왕을 세우기를 원했기 때문입니다. 하지만 그들의 기대와는 달리 이스라엘의 초대 왕으로 등극한 사울은 곧 불순종으로 인하여 하나님께 버림을 받게 됩니다. 사사 제도를 거부하고 왕정 제도를 요구한 이스라엘의 앞날은 어떻게 전개될까요?

이번 주에는 사무엘상 전체를 통독하면서, 성경수업을 통해 사무엘, 사울, 그리고 다윗으로 이어지는 사무엘상 역사의 무대를 열어 보겠습니다.

리딩지저스 영상 안내

리딩지저스 2권 2강: 사무엘상·하 1

QR코드를 찍으면 '사무엘상·하 1' 리딩지저스 영상으로 바로 연결됩니다. 또는 유튜브에서 '리딩지저스 사무엘상·하 1'을 검색하여 시청할 수 있습니다. '성경읽기'와 '성경공부'를 시작하기 전에 리딩지저스 영상을 시청하면 도움이 됩니다.

1부 — 성/경/읽/기

QR코드를 찍으면 **리딩지저스 오디오 바이블**로 연결됩니다. 45주 성경통독 일정에 맞추어 제작된 **오디오 바이블**을 통해 매일의 성경통독 분량을 부담 없이 완독할 수 있습니다. 그리스도 중심 성경읽기 《리딩지저스》와 함께하는 성경통독을 통해 하나님과 동행하는 하루하루가 되기를 소망합니다.

이번 주 성경읽기 스케줄

주일	리딩지저스 영상 시청, 성경수업 읽기			
	기본 읽기		핵심 읽기	
월	삼상 1-5장	완독	삼상 3장	
화	삼상 6-10장		삼상 7장	
수	삼상 11-15장		삼상 12장	
목	삼상 16-20장		삼상 16장	
금	삼상 21-25장		삼상 24장	
토	삼상 26-31장		삼상 26장	

1일차 빛은 비치지만 어둠은 계속되고

기본 읽기 사무엘상 1-5장
핵심 읽기 사무엘상 3장

사무엘서는 사무엘의 어머니 한나의 기도와 하나님의 응답으로 시작합니다. 아이를 갖지 못해 괴로워하며 부르짖은 한 여인의 기도에 하나님이 신실하게 응답하시고, 그렇게 태어난 아이는 자라서 하나님 음성을 직접 듣게 됩니다. 사사 시대의 어둠은 서서히 그 끝을 보이나, 아직 완전히 걷힌 것은 아니었습니다. 제사장 엘리의 두 아들은 제사를 멸시했고, 엘리 제사장은 어린 사무엘도 들었던 하나님의 음성을 듣지 못합니다. 결국 엘리 제사장은 승리의 부적으로 여겨 싸움터에 들고 나간 언약궤가 탈취되었다는 소식을 듣고 충격을 받아 죽고 맙니다. 언약궤를 빼앗은 블레셋은 자신들의 신이 하나님을 이겼다고 생각합니다. 그러나 하나님은 언약궤 안에 갇혀 계시는 분이 아니었습니다. 하나님은 블레셋에 큰 재앙을 내리셔서 자신이 한낱 우상과는 전혀 다른, 권능의 하나님이심을 친히 보이십니다.

2일차 우리에게 왕을 주소서

기본 읽기 사무엘상 6-10장
핵심 읽기 사무엘상 7장

블레셋 사람들은 하나님의 심판을 견디지 못하고 이스라엘에 언약궤를 돌려주고, 이후 사무엘이 이스라엘을 통치합니다. 사무엘의 강력한 영적 각성 운동으로 이스라엘이 다시 하나님 품으로 돌아오는 듯합니다. 그러나 사무엘의 두 아들은 아버지와 달랐습니다. 이스라엘은 사무엘에게 모여들어 왕을 세워 달라고 요구합니다. 하나님이 이스라엘의 왕이셨으나, 이스라엘은 인간 왕이 필요하다고 생각했습니다. 하나님은 베냐민 지파의 청년 사울을 지목하십니다. 사울은 이스라엘 모든 사람보다 어깨 위만큼 더 크고 외형적으로 매력적인 인물이었습니다. 사무엘이 사울의 머리에 기름을 붓자 하나님의 영이 사울을 크게 감동하게 하십니다. 그는 과연 이스라엘의 왕으로서 하나님의 말씀에 순종하며 살아갈까요?

3일차 왕이 된 사울

기본 읽기 사무엘상 11-15장
핵심 읽기 사무엘상 12장

사무엘은 이스라엘 백성을 모으고 하나님이 사울을 왕으로 세우셨다고 선포합니다. 이후 사무엘은 이스라엘 백성에게 마지막 말을 전합니다. 사무엘은 하나님 명령을 거역하지 말라고 간곡히 호소하고, 이스라엘 백성은 하나님이 보이시는 표적을 보고 두려워합니다. 한편, 즉위 초의 사울은 이스라엘을 이끌고 방어 전쟁을 제법 잘 수행합니다. 아직 큰 실수는 없어 보여도 그 뒷모습은 어딘지 모르게 불안하기만 합니다. 위태위태하던 사울은 결국 이스라엘의 왕으로서 마땅히 따라야 하는 하나님의 말씀을 연달아 저버립니다. 그는 사무엘을 기다리지 않고 멋대로 제사를 지냈고 아말렉을 진멸하지 않았습니다. 결국 사무엘은 사울이 하나님의 말씀을 저버렸으므로 하나님이 사울을 버리셨다고 선포합니다.

4일차 새로운 왕으로 부름받은 다윗

기본 읽기 사무엘상 16-20장
핵심 읽기 사무엘상 16장

하나님은 사무엘에게 베들레헴에 사는 이새의 집으로 가라고 명령하십니다. 하나님의 시선은 그 집 막내 다윗에게 머물렀고, 사무엘은 다윗에게 기름을 붓습니다. 이스라엘과 자주 부딪쳤던 블레셋이 또 한 번 침공하자 사울은 군대를 모읍니다. 이 전쟁에서 다윗은 이스라엘을 무시하는 장수 골리앗을 죽이는 전공을 세워 사울의 주목을 받습니다. 사울은 자기 딸을 주어 다윗을 사위로 삼지만, 한편으로는 정적이 되어 버린 다윗을 매우 못마땅하게 여기고 심지어 그를 질투합니다. 사울은 온 이스라엘의 주목을 받는 젊은 영웅을 그냥 놔두지 않습니다. 사울의 아들 요나단은 다윗을 돕지만, 사울은 오히려 요나단을 비난하며 요나단까지 죽이려 듭니다. 이에 다윗은 사울의 눈을 피해 도망 다닙니다.

5일차 다윗을 죽이려는 사울, 사울을 살려 준 다윗

기본 읽기 사무엘상 21-25장
핵심 읽기 사무엘상 24장

다윗은 사울을 피해 놉의 제사장에게 잠시 의탁하고, 급기야 얼마 전까지 적이었던 가드의 왕 아기스에게로 피합니다. 사울은 놉의 제사장들을 죽이면서까지 다윗을 찾는 데 골몰합니다. 반면, 다윗은 도망하던 중에도 이스라엘의 어려움을 그냥 넘기지 않습니다. 결국 사울은 다윗이 숨어 있는 엔게디 요새로 군사를 몰고 들이닥칩니다. 그러나 다윗은 아무리 자기 생명을 노린다고 해도 하나님이 기름 부은 사람을 해칠 수 없다며 엔게디에서 사울을 해치지 않고 놓아줍니다. 하나님이 다윗을 새로운 왕으로 선택하셨는데도 다윗의 고난은 쉬이 끝나지 않습니다. 마온 땅의 대부호 나발을 도와주다 오히려 나발에게 불량배로 오해받아 인간적인 모욕을 당하는 사건은 다윗의 고난이 얼마나 극심했는지를 잘 보여 줍니다.

6일차 이스라엘의 진정한 왕은 누구인가

기본 읽기 사무엘상 26-31장
핵심 읽기 사무엘상 26장

다윗은 계속해서 자신을 노리는 사울을 피해 도망칩니다. 그러다가 치열하게 싸웠던 블레셋 땅으로 피신할 수밖에 없는 지경에 이릅니다. 다윗의 곁에는 돕는 사람들이 항상 있었고, 다윗은 사울을 죽일 수 있는 순간에도 여전히 그 목숨을 거두지 않습니다. 블레셋이 군사를 일으켜 이스라엘을 치려 하자 사울은 하나님께 싸움의 승패를 묻습니다. 하지만 하나님은 침묵하십니다. 결국 사울은 하나님의 규례를 깨뜨리고 신접한 여인을 찾아갑니다. 다윗은 고향으로 돌아오고, 사울은 전쟁터로 향합니다. 블레셋과의 전쟁으로 혼란스러운 틈을 타 이스라엘의 오랜 숙적인 아말렉이 이스라엘을 공격하자, 다윗은 아말렉을 치고 약탈당했던 것을 되찾아 옵니다. 한편, 사울은 블레셋과의 전쟁에서 크게 패하고, 끝내 그 전장에서 그의 아들들과 함께 죽습니다.

2부 성경 수업

이스라엘의 왕은 누구인가

지금은 왕의 나라가 길지 못할 것이라
여호와께서 왕에게 명령하신 바를
왕이 지키지 아니하였으므로
여호와께서 그의 마음에
맞는 사람을 구하여
여호와께서 그를 그의 백성의
지도자로 삼으셨느니라 하고

사무엘상 13장 14절

Lesson 1 절망 속에 피어난 소망

사무엘의 등장

사무엘상은 자식이 없어 괴로워하는 한 여성의 이야기로 시작합니다. 아이를 바랐던 한나는 실로의 하나님의 집에서 필사적인 심정으로 기도합니다. 제사장 엘리가 한나를 술 취한 사람으로 오해하자 한나는 여호와 앞에 자신의 슬픈 심정을 쏟아낸 것이라고 정중히 시정합니다. 그러자 엘리는 한나에게 평안히 가라면서 하나님이 그의 간구를 허락하시기 원한다는 소망의 메시지를 안겨 줍니다. 한나는 하나님의 분명한 약속을 받은 것도 아니었고, 집으로 돌아온 후에도 상황은 동일했습니다. 하지만 기도한 후에 자신이 변화됨으로써 근심이 사라지는 것을 경험합니다. 그러고는 만일 아들을 낳으면 나실인으로 하나님께 드려서 자신를 위한 아들이 아니라 여호와를 위한 아들이 되게 하겠다고 서원합니다. 드디어 아들을 낳자 한나는 그 이름을 사무엘이라 짓고, 곧 서원한 대로 엘리에게 데려가 평생을 여호와께 드리도록 합니다.

우리는 홉니와 비느하스 이야기를 통해 이 시절 이스라엘의 적나라한 종교적 실상을 보게 됩니다. 엘리 제사장의 두 아들은 종교를 이용해 자신들이 원하는 바를 얻어 내는 최악의 전문 종교인이었습니다. 그들은 하나

“아이 사무엘이 점점 자라매 여호와와 사람들에게 은총을 더욱 받더라”(사무엘상 2:26)라는 저자의 기록은 누가가 훗날 예수님을 묘사한 표현과 **거의 동일한 극찬**입니다.

님의 집을 예배 장소가 아니라 자기 배를 불리는 자리로 바꾸어 버렸고, 제사 제도를 무시하고 짓밟아 제사 고기를 스스로 취했으며, 심지어 회막 문에서 수종드는 여인들과 동침하기도 했습니다. 그들은 사사기 마지막 부분에 버금가는 종교적 무질서와 성적 타락의 한복판에 서 있었습니다. 성경은 사무엘의 성장 이야기를 이런 악행 사이사이에 배치해 충격적으로 대조합니다.

> 아이 사무엘이 점점 자라매 여호와와 사람들에게 은총을 더욱 받더라(사무엘상 2:26)

사무엘상 저자의 기록은 누가가 훗날 예수님을 묘사한 표현과 거의 동일한 극찬입니다.

> 예수는 지혜와 키가 자라가며 하나님과 사람에게 더욱 사랑스러워 가시더라(누가복음 2:52)

사무엘이 이렇게 하나님 앞에서 자랐다는 사실은 하나님 말씀을 듣는 장면에서 더 명확해집니다. 당시는 종교적 타락으로 하나님의 말씀이 희귀하던 때였는데 사무엘은 여호와의 전에서 자는 도중에 하나님 음성을 듣게 됩니다. 처음에 사무엘은 엘리가 부르는 줄 알았지만 엘리가 곧 상황을 파악하고 여호와가 말씀하신 것이라고 알려 줍니다. 모순적인 대목입니다. 하나님이 일하시는 방식에 대해서는 사무엘보다 엘리가 더 분명히 알고 있었을 텐데 여호와가 실제로 말씀하신 대상은 사무엘이었습니다. 엘리에게는 신학이 있었으나 하나님을 향한 온전한 헌신이 없었고, 반면 사무엘은 하나님께 헌신했으나 이론적 이해가 부족했습니다. 하지만 하나님을 향한 바른 자세를 가진 사람이라야 바른 신학을 갖게 되는지라 사무엘이 하나님의 말씀을 받습니다. 한편, 그 내용은 엘리의 집을 심판하실 것이라는 메시지였습니다. 선지자의 직무는 진실을 말하는 것이므로 사무엘은 그 메시지를 있는 그대로 엘리에게 전달하는 어려운 첫 임무를 신실하게 완수합니다. 그 이후로 하나님은 여러 차례 실로에 나타나셔서 사무엘에게 말씀하시고, 그를 통해 온 이스라엘에게 하나님의 뜻을 전하십니다.

Lesson 2 어디서나 누구나 알 수 있었으나

언약궤와 하나님의 임재

사무엘상 4장에 이르면서 이스라엘 사회의 뿌리 깊은 문제가 표면에 드러납니다. 블레셋과의 전쟁에서 이스라엘 군대가 사천 명이나 죽자 장로들은 무언가가 잘못되었음을 직감하며 질문합니다. 왜 이처럼 굴욕적으로 패배했을까? 그러나 종종 그렇듯이, 문제에 가장 가까이 있는 이들이 문제의 실상을 제대로 파악하지 못합니다. 그들이 찾은 해결책은 내적 변화가 아니라 외부 요소를 더 보강하는 것이었습니다. 그래서 그들은 언약궤를 가져옵니다. 언약궤에 특별한 마술적 힘이 있어서 그들을 보호해 주리라 생각했던 것입니다. 그러나 하나님의 능력이 아닌 언약궤의 능력을 신뢰한 이스라엘은 전쟁에서 패하고 언약궤마저 빼앗기게 됩니다. 그리고 홉니와 비느하스도 전장에서 죽임을 당합니다.

이 소식은 실로의 길옆에 앉아서 소식을 기다리던 엘리에게 즉시 전해집니다. 항상 앉거나 누워 있는 모습으로 그려지는 엘리의 모습은 그의 삶 전체를 상징적으로 보여 줍니다. 모든 일에 수동적이고, 인생을 흘러가는 대로 그저 앉아서 바라만 보던 그는 아들들의 잘못을 고치기 위해 아무런 행동도 취하지 않았습니다. 결국 선지자의 예언대로 두 아들 모두 한날에

이스라엘은 언약궤에 특별한 마술적 힘이 있어서 그들을 보호해 주리라 생각했습니다. 그러나 하나님의 능력이 아닌 **언약궤의 능력을 신뢰한 이스라엘**은 전쟁에서 패하고 언약궤마저 빼앗기게 됩니다.

죽고 언약궤마저 블레셋의 손에 빼앗기자 그는 의자에서 뒤로 넘어져 목이 부러져 죽습니다. 충격받은 비느하스의 아내 또한 산통 가운데 죽으면서 낳은 아들의 이름을 '이가봇'이라고 짓습니다. 그 뜻은 "영광이 어디 있느냐?"이지만 실은 "영광이 유배를 떠났다"라는 의미였습니다. 이는 훗날 하나님 백성이 바벨론으로 유배 갈 때 에스겔이 이스라엘 하나님의 영광이 성전을 떠나는 장면을 묘사한 것과 흡사합니다.

한편, 언약궤를 탈취한 블레셋 사람들은 여호와를 이겼다고 생각하면서 승리를 축하하려고 언약궤를 그들 신전에 둡니다. 그런데 밤사이 이상한 일들이 발생합니다. 아침에 일어나니 자기들의 신상이 언약궤 앞에 엎드려져 있는가 하면, 다음 날에는 그 머리와 두 손목이 끊어져 있고, 얼마 후에는 아스돗 사람들에게 독한 종기가 생기는 일이 벌어졌습니다. 그들은 언약궤가 자신들에게 해롭다는 사실을 알아차리고는 돌려보내기로 합니다. 하지만 이 모든 일의 배후에 정말 여호와가 있는지 확인하기 위해 암소 두 마리에 수레를 메우고 그 수레에 언약궤를 실은 다음에, 송아지들은 어미인 두 암소에게서 떼어 집으로 돌려보냅니다. 그리고 일이 어떻게 되는지 살핍니다. 놀랍게도 암소들은 자기 송아지들이 있는 쪽으로 가지 않고, 곧장 반대 방향인 이스라엘 쪽으로 향합니다. 여호와의 임재를 분명히 확인한 그들은 언약궤를 벧세메스로 보냅니다. 그런데 벧세메스에 이르렀을 때 사람들이 언약궤에 너무 가까이 다가가다 죽는 일이 벌어집니다. 그러자 사람들은 기럇여아림이라는 후미진 성읍으로 궤를 보내 버립니다. 마치 골치 아픈 핵폐기물을 처치해 버리듯 말이죠. 그렇게 언약궤는 그곳에 한동안 묻혀 있게 됩니다. 이처럼 블레셋 사람들, 우상들, 심지어 암소들조차도 이스라엘의 하나님을 섬길 줄 알았는데, 모순적으로 하나님의 백성만 그분을 섬길 줄 모르는 씁쓸한 모습을 보입니다.

Lesson 3 감사했어요, 여태까지는

에벤에셀에 담긴 속뜻

사무엘상 7장에서 사무엘은 이스라엘 온 족속에게 이렇게 말합니다.

> 만일 너희가 전심으로 여호와께 돌아오려거든 이방 신들과 아스다롯을 너희 중에서 제거하고 너희 마음을 여호와께로 향하여 그만을 섬기라 그리하면 너희를 블레셋 사람의 손에서 건져내시리라(사무엘상 7:3)

그리고 이스라엘은 드디어 자신들의 죄를 회개한 듯이 사무엘에게 나아와 하나님께로 돌아갈 방법을 간구합니다. 아마도 언약궤가 기럇여아림으로 사라지자 상황이 절박해졌음을 직감했을 것입니다. 그러자 하나님은 그들이 한 고백의 진정성을 시험대에 올려놓으십니다. 이스라엘이 위기 상황에서 누구에게 도움을 청하는지를 시험하십니다. 많은 이스라엘 백성이 미스바에 모여 사무엘을 중심으로 제사를 드리고 있는데 블레셋이 그들을 치러 올라옵니다. 이런 상황에서 이스라엘은 무엇을 해야 하며 누구를 신뢰해야 할까요? 그들의 도움은 어디에서 올까요?

그들은 일단 시험을 잘 통과합니다. 오직 하나님만 신뢰하고 전심으로 하나님께로 돌이키면서 사무엘에게 자신들을 위해 중보해 달라고 간청합니다. 그들의 요청대로 사무엘이 하나님께 제사를 드리며 기도하자, 여호와는 그 기도에 대한 응답으로 큰 우레를 발하시며 블레셋을 어지럽게 하시고 흩어 버리십니다. 블레셋이 섬기는 바알이 폭풍의 신이었으므로 그들은 우레로 인해 물리적 영향뿐 아니라 크나큰 정신적 충격을 받았을 것입니다. 결국 블레셋은 대패하고 이스라엘은 마무리 작업으로 소탕 작전만 펼치면 되었습니다.

전투가 끝난 후 사무엘은 돌 하나를 취해 이 일을 기념합니다. 하나님이 이스라엘을 위해 하신 일을 기억하게 하는 일종의 표식으로, 그 돌을 "에벤에셀"(도움의 돌)이라고 부릅니다. 그 말은 "여호와께서 여기까지 우리를 도우셨다"라는 뜻인데, 여러 가지를 의미할 수 있습니다. "여기까지 우리를 도와주신 분은 여호와시다"라는 순수한 감사일 수도 있고, "여호와께서 여기까지 우리를 도우셨으니 이제부터는 우리가 알아서 하겠습니다"라는 의미일 수도 있습니다. 아이가 자전거 타는 법을 배울 때 처음에는 어른이 따라가며 넘어지지 않도록 뒤에서 붙들어 주어야 합니다. 하지만 곧 익숙해진 아이가 도움이 필요 없어지면, "지금껏 도와주셔서 감사해요! 하지만 지금부터는 혼자 탈게요"라고 말하는 것과 흡사했습니다. "에벤에셀"이 순수한 감사의 고백이었을 수도 있지만, 곧바로 그들이 8장에서 요구하는 내용을 보면 오히려 '자립 선포'의 고백이었을 가능성이 훨씬 더 커 보입니다.

Lesson 4 우리에게도 왕을 주소서

이스라엘이 왕정을 원했던 이유

사무엘상 8장은 이전 장면과 극적으로 대조됩니다. 이스라엘 백성이 왕을 세워 달라고 요구합니다.

> 우리도 다른 나라들 같이 되어 우리의 왕이 우리를 다스리며 우리 앞에 나가서 우리의 싸움을 싸워야 할 것이니이다(사무엘상 8:20)

이스라엘은 사무엘의 중보를 통해 하나님이 주신 승리를 얻었고, 그 결과 적들에 둘러싸여서도 안식을 누리지 않았나요? 또한 사무엘은 선지자나 제사장 역할뿐 아니라 사사 역할까지 수행하면서 하나님을 향한 참된 예배와 백성을 위한 공의로운 통치를 실현하지 않았습니까? 그런데 왜 왕이 필요하다는 것일까요?

왕을 요구한 일차적인 이유는 사무엘의 아들들 때문이었듯 싶습니다(사무엘상 8:1-5). 사무엘은 이제 늙었는데 아들들은 그의 행위를 따르지 않았습니다. 하지만 왕정을 도입한다고 해서 이런 문제가 해결될까요? 오히려 왕을 세워 자녀가 자동으로 왕위를 이어받으면 지도자 자녀에게 결함이 있을 때 이 문제가 더 악화될 텐데 말이죠. 그럼에도 이스라엘 백성이 왕정을 원한 데는 더 근본적인 세 가지 이유가 있었습니다.

첫째, 그들은 다른 나라들과 같아지고 싶었습니다. 이스라엘은 하나님의 특별한 소유로 부름받은 구별된 나라였는데 말이죠. 둘째, 왕이 나라를 이끌어 주기 원했습니다. 그들에게는 이미 하나님의 율법이 있었고, 또한 특별한 시기마다 하나님이 세워 주시는 사사가 있었습니다. 이렇게 하나님이 필요한 모든 것을 채워 주셨는데도 그들은 왕을 원했습니다. 셋째, 왕이 앞장서서 전쟁을 치르는 영속적 시스템을 원했습니다. 하나님은 그들이 기도하면 때마다 필요에 따라 리더를 세워 주겠다고 약속하셨으나 이스라엘은 그런 식으로 기도하고 싶지 않았고 대신 자기들이 운영하는 항구적 체제를 요구합니다. 결국 이스라엘은 언약궤에 쏟았던 믿음을 왕정 체제에 쏟으려 했습니다. 그러나 구원은 지상의 왕이 아니라 하늘과 땅을 지으신 여호와에게서 오는 것이기에 그들은 곧 실망하게 됩니다.

하나님의 계획은 궁극적으로 은혜롭습니다. 그들이 왕을 원했기 때문에 하나님은 일단 왕을 주십니다. 이후로도 하나님은 그들을 다스릴 수많은 왕을 세워 주십니다. 왕정 체제의 시작과 함께 500년 동안 그들은 선한 왕, 악한 왕, 강력한 왕, 연약한 왕, 각양각색의 왕을 경험하면서 이 땅의 어떤 왕도 그들의 필요를 채워 주지 못한다는 사실을 깨달을 것입니다. 그들에게 진정으로 필요한 것은 여호와가 그들의 왕이 되시는 것임을 또한 깨달을 것입니다. 이스라엘에게는 왕이자 동시에 선지자와 제사장 역할을 하는, 세 직분을 하나로 통합하는 왕이 필요했습니다.

이제 왕정을 선택한 이스라엘에게는 '누구를 왕으로 세울 것인가'라는 과제가 주어집니다. 그 왕은 어떤 왕일까요?

Lesson 5 첫 번째 왕, 버림받다

왕정의 시작과 사울의 실패

왕정 제도를 선택한 이스라엘 백성의 환호 속에 초대 왕으로 등극한 사람은 사울이었습니다. 그는 훌륭한 가문 출신으로, 그의 아버지는 공동체에서 꽤 유력한 사람이었습니다. 사울은 베냐민 지파 출신으로, 작은 지파였으나 이스라엘의 정치 지형도에서는 무시할 수 없는 지파였습니다. 게다가 사울은 키가 이스라엘 모든 사람보다 어깨 위만큼 더 크고 외형적으로 대단히 매력적인 인물이었습니다. 사울은 왕으로서의 모든 자격을 갖추었다고 할 만한 사람이었습니다.

하지만 정작 중요한 것은 그의 마음 상태였습니다. 그는 왕이 되자마자 상비군을 세웁니다. 이전에는 국가적 위협이 있을 때마다 임시로 모병하는 방식을 따랐지만, 블레셋의 지속적인 위협 때문에 상비군 제도가 필요하다고 판단한 것이었습니다. 그러나 사울의 상비군은 블레셋의 위협 앞에서 겁을 먹고 도망가는 군대로 바뀌면서 이스라엘 백성의 기대를 무너뜨리고 실망을 안겨 줍니다. 그들에게 정작 필요한 것은 하나님의 도우심이었지만, 사울은 하나님의 도우심을 구하기보다는 새로운 체제를 통해 스스로 모든 것을 해결하려고 했습니다.

이스라엘 왕으로서 사울이 블레셋과 싸웠어야 했을 전투는 흥미롭게도 사울이 아닌 그의 아들 요나단으로 인해 시작됩니다. 요나단은 여호와의 적들을 향해 먼저 싸움을 걸며 블레셋의 전초 기지를 치고, 절벽 위에 진을 친 블레셋 수비대를 거의 단독으로 무찌릅니다. 용맹스러운 요나단과 대조적으로 사울은 집에 가만히 앉아 서서히 무너지는 자신의 군대를 보며 어떻게 해야 할지 몰라 초조해합니다. 그러다가 매우 그릇된 결정을 내리게 됩니다. 사울은 여호와께 제사를 드리려고 사무엘을 기다리는데, 그가 오지 않자 초조함을 견디지 못하고 스스로 제사를 드립니다. 제사 제도를 일종의 마법처럼 생각했고, 제사장만 드릴 수 있는 제사를 자기도 드릴 수 있다고 믿었던 것입니다. 제사 의식 너머에 있는 마음의 태도가 아니라 의식 자체가 중요하다고 생각하여, 사무엘의 도움 없이도 스스로 그 의식을 치를 수 있다고 믿은 것입니다. 사울은 불행히도 이런 기본 원리를 깨닫지 못했거나, 왕이라면 그런 규칙을 마음대로 만들 수 있다고 착각했던 것 같습니다. 하지만 이스라엘의 왕은 하나님의 말씀에 복종해야 하는 자리였습니다.

결국 "여호와의 구원은 사람이 많고 적음에 달리지 아니하였느니라"라는 요나단의 말을 입증하듯 그 전투는 하나님이 이끄셔서 승리합니다. 사울의 왕권은 얼마 지나지 않아 실질적으로 무효화됩니다. 명목상으로는

그들에게 정작 필요한 것은 하나님의 도우심이었지만, 사울은 하나님의 도우심을 구하기보다는 새로운 체제를 통해 **스스로 모든 것을 해결**하려고 합니다.

왕이었으나, 하나님이 보실 때 사울은 더 이상 왕이 아니었습니다. 이제 여호와가 그의 마음에 맞는 사람, 마음이 온전히 여호와를 향한 사람을 찾아 그를 왕으로 세우실 것입니다. 이렇게 해서 우리는 다윗 이야기에 이르게 됩니다.

READING JESUS

리딩지저스

: 그리스도 중심으로 읽는 사무엘상·하 1

이스라엘 백성이 하나님이 세우시는 사사를 거부하고 자신들이 원하는 왕을 세우게 해 달라고 요구하자, 하나님은 그대로 수용하십니다. 하나님은 그 후 500년간 이스라엘이 각양각색의 왕을 경험하게 하셔서 이 땅의 어떤 왕도 백성의 필요를 채우지 못한다는 사실을 깨닫게 하십니다. 그들에게 진정으로 필요한 것은 여호와가 친히 왕이 되어 다스리심을 깨닫는 것이었습니다. 그런 면에서 초대 왕 사울은 턱없이 부족했습니다. 그는 하나님의 왕권을 진정으로 인정하지 않았습니다.

이스라엘 백성은 사울 왕을 바라보며 무척 실망했을 것입니다. 왕만 세우면 모든 것이 해결될 줄 알았는데 상황은 정반대로 흘러갔습니다. 하지만 실망은 오히려 진정한 왕을 바라는 기대와 소망을 불러일으킵니다. 하나님이 더 나은 왕을 세우시고, 그분이 오시면 참된 하나님 나라가 세워지리라는 소망이 더욱더 강해집니다. 그 왕은 자신의 사욕을 채우지 않고 자기 백성을 위해 자기 생명까지 내주실 것입니다. 그 왕을 통해 하나님 나라가 임하고, 하나님 백성은 평강을 누릴 것입니다. 결국 그 소망은 예수 그리스도가 이 땅에 오심으로 성취됩니다. 우리는 실패한 왕 사울을 통해 진정한 왕이신 예수 그리스도를 바라보게 됩니다.

3부

성/경/나/눔

사무엘상·하 1

한눈에 보기

사무엘서는 사사기 말기에서 이어지는 이스라엘의 타락상을 보여 주며 절망 속에 피어난 소망 같은 사무엘의 이야기로 시작합니다. 사무엘은 극도로 타락한 당시의 실상을 대변하는 홉니와 비느하스의 모습과 대조됩니다. 사무엘은 태어날 때부터 나실인으로 구별된 삶을 살면서 경건한 모습을 보입니다. 또한 하나님의 말씀이 희귀하던 시절에 오직 사무엘에게만 하나님의 말씀이 임하면서 하나님의 사사로 이스라엘을 이끌어 가는 맹활약을 합니다. 반면, 이스라엘은 하나님을 왕으로 신뢰하기보다는 하나님 임재의 상징인 언약궤를 의지하려 하고, 급기야 블레셋에 언약궤를 빼앗기는 쓰라린 경험까지 합니다. 그들의 신앙이 참 믿음이 아니라 껍데기 종교였음을 보여 주는 것이죠.

하지만 하나님은 그들에게 여전히 은혜를 베푸십니다. 온 이스라엘이 미스바에 모여 금식하며 회개할 때 하나님은 사무엘의 기도에 응답하셔서 블레셋을 대패시키십니다. 이 경험을 통해 이스라엘 백성은 "에벤에셀", 즉 "여호와께서 여기까지 도우셨다"라고 고백합니다. 하지만 그 고백은 감사의 고백이라기보다 "이제는 우리 힘으로 살겠다"라는 자립 선포의 고백이 되어 버립니다. 왜냐하면 곧 그들은 사사가 아닌 왕을 세워 달라고 요청하기 때문입니다. 이스라엘은 하나님의 구별된 백성으로 살기보다 이방 나라들과 같아지고 싶었고, 하나님이 세우시는 사사보다 자신들이 원하는 왕을 세우기를 원했으며, 하나님을 온전히 의지하며 살아가는 신앙적 삶보다는 왕정이라는 영속적 제도를 원했습니다.

은혜로우신 하나님은 그들의 요청을 뿌리치지 않으시고 오히려 그 요청대로 사울을 첫 번째 왕으로 세워 주십니다. 하지만 외형적으로 모든 조건을 구비한 듯 보였던 사울은 곧 하나님과 백성 모두에게 실망을 안겨 줍니다. 그는 하나님의 왕권을 진정으로 인정하지 않았기 때문에 하나님의 명령에 온전히 순종하지 않았습니다. 오히려 사리사욕을 채우며 하나님의 명령에 교묘하게 불순종하고, 지적을 받고도 회개하지 않고 가식적인 합리화로 일관했습니다. 그는 어떤 면에서도 이스라엘의 참 소망이 아니었습니다. 왕만 세우면 모든 것이 해결될 줄 알았던 이스라엘 백성은 모두 크게 실망했을 것입니다. 그렇다면 이제 이스라엘의 소망은 사라져 버린 것일까요? 그렇지 않습니다. 사울 왕에 대한 실망은 오히려 진정한 왕을 바라보게 하는 소망을 불러일으킵니다. 그래서 하나님은 곧 "여호와의 마음에 맞는 사람"(사무엘상 13:14)을 왕으로 세우실 것입니다.

성경수업 돌아보기

❶ 사무엘상 앞부분은 한나가 기도해서 낳은 아들 (   )의 이야기와 당시 종교적 타락의 실상을 보여 주는 엘리 제사장의 두 아들인 홉니와 비느하스의 이야기가 대조를 이루면서 펼쳐집니다. 말씀이 희귀하던 시대에 하나님은 (   )에게 자신의 음성을 들려주시고, 그를 통해 온 이스라엘에게 자신의 뜻을 알리십니다. (성경수업 Lesson1)

❷ 블레셋과의 전쟁에서 패하자 이스라엘은 그 해결책으로 (   )를 가져옵니다. 여기에 어떤 특별한 힘이 있어서 자신들을 보호해 주리라 생각했기 때문입니다. 그러나 이스라엘은 패하고 (   )는 빼앗깁니다. 이 모습은 훗날 에스겔이 이스라엘 하나님의 (   )이 성전을 떠나는 장면을 묘사하는 것과 흡사합니다. (성경수업 Lesson2)

❸ 블레셋이 또 이스라엘을 치러 올라오자 이스라엘은 하나님께 기도하며 나아갑니다. 하나님은 큰 우레를 발하시며 블레셋을 흩어 버리십니다. 전투가 끝난 후, 사무엘은 돌 하나를 취하며 이 일을 기념합니다. 그 돌의 이름은 (   )이지만, 이스라엘이 순수하게 하나님께 감사하는 것 같지는 않습니다. (성경수업 Lesson3)

❹ 이스라엘은 하나님의 특별한 소유로 부름받은 구별된 나라였지만, 이들은 주변의 다른 나라들처럼 (   )을 요구합니다. 그러나 이스라엘에게 진정으로 필요한 것은 여호와가 그들의 (   )이 되심을 깨닫는 것이었습니다. (리딩지저스)

❺ **"요나단이 자기의 무기를 든 소년에게 이르되 우리가 이 할례받지 않은 자들에게로 건너가자 (   )께서 우리를 위하여 일하실까 하노라 (   )의 (   )은 사람이 많고 적음에 달리지 아니하였느니라"**(사무엘상 14:6)

정답

1. 사무엘, 사무엘 2. 언약궤, 언약궤, 영광 3. 에벤에셀 4. 왕, 왕 5. 여호와, 여호와, 구원

나눔 질문

❶ 이스라엘은 하나님이 그들의 왕이라는 것을 거부하고 눈에 보이는 인간 왕을 요구합니다. 내 삶에서도 하나님의 왕 되심을 거부하는 모습이 나타날 때가 있나요?

❷ 내 눈에는 완벽해 보였던 계획이 처음 생각과는 다르게 흘러가 낙심한 적이 있나요? 그럴 때 하나님은 내 삶에서 어떻게 역사하시나요?

❸ 오직 왕 되신 그리스도만이 세상이 결코 줄 수 없는 영원한 참된 소망을 주십니다. 예수님을 왕으로 모시는 삶을 살기 위해서 한 주간 내가 실천할 수 있는 것들을 나누어 봅시다.

기도로 함께

소망하며

❶ 성경 말씀에 기초해, 찬양과 감사의 기도를 드립니다.

여호와께서는 너희를 자기 백성으로 삼으신 것을 기뻐하셨으므로
여호와께서는 그의 크신 이름을 위해서라도 자기 백성을 버리지 아니하실 것이요
사무엘상 12:22

❷ 일상의 변화를 소망하며, 회개와 결단의 기도를 드립니다.

❸ 서로를 위해, 또 교회를 위해 기도합니다.

하나님을 향한 찬양

시편 96편 7-13절

만국의 족속들아
영광과 권능을 여호와께 돌릴지어다
여호와께 돌릴지어다
여호와의 이름에 합당한 영광을
그에게 돌릴지어다
예물을 들고 그의 궁정에 들어갈지어다
아름답고 거룩한 것으로 여호와께 예배할지어다
온 땅이여 그 앞에서 떨지어다
모든 나라 가운데서 이르기를
여호와께서 다스리시니
세계가 굳게 서고 흔들리지 않으리라
그가 만민을 공평하게 심판하시리라 할지로다
하늘은 기뻐하고 땅은 즐거워하며
바다와 거기에 충만한 것이 외치고
밭과 그 가운데에 있는 모든 것은 즐거워할지로다
그 때 숲의 모든 나무들이 여호와 앞에서 즐거이 노래하리니
그가 임하시되 땅을 심판하러 임하실 것임이라
그가 의로 세계를 심판하시며
그의 진실하심으로 백성을 심판하시리로다

3

사무엘상 · 하 2

성경읽기 사무엘하 1-24장

성경수업 이스라엘의 진정한 왕을 소망하며

성경나눔

사무엘상·하 2에 들어가며

이스라엘 백성의 기대를 한 몸에 안고 초대 왕으로 출발한 사울이 실패하자, 하나님은 하나님의 "마음에 합한 사람" 다윗에 기름을 부어 새로운 왕으로 세우십니다. 그는 곧이어 골리앗과의 대결을 통해 두각을 나타내고, 오랜 과정을 거친 후 하나님의 때가 되자 통일 이스라엘의 왕이 됩니다. 그리고 하나님은 그와 함께 하나님 나라를 세우시겠다는 언약을 맺으십니다. 드디어 다윗은 이스라엘이 열망하던 이상적 왕으로서 백성의 기대에 부응하며 희망찬 미래를 향하여 전진하는 듯합니다.

그러나 다윗 역시 영원한 하나님 나라의 온전한 왕이 되기에는 부족했습니다. 여러 실수와 범죄를 통해 그도 연약한 죄인임이 드러나고 맙니다. 결국 다윗 이야기는 우리에게 또 다른 왕, 보다 나은 왕, 완벽한 왕을 기대하게 만듭니다.

이번 주에는 사무엘하 전체를 통독하면서, 성경수업을 통해 다윗 이야기를 살펴보겠습니다.

리딩지저스 영상 안내

리딩지저스 2권 3강: 사무엘상·하 2

QR코드를 찍으면 '사무엘상·하 2' 리딩지저스 영상으로 바로 연결됩니다. 또는 유튜브에서 '리딩지저스 사무엘상·하 2'를 검색하여 시청할 수 있습니다. '성경읽기'와 '성경공부'를 시작하기 전에 리딩지저스 영상을 시청하면 도움이 됩니다.

1부 | 성/경/읽/기

QR코드를 찍으면 **리딩지저스 오디오 바이블**로 연결됩니다. 45주 성경통독 일정에 맞추어 제작된 **오디오 바이블**을 통해 매일의 성경통독 분량을 부담 없이 완독할 수 있습니다. 그리스도 중심 성경읽기 《리딩지저스》와 함께하는 성경통독을 통해 하나님과 동행하는 하루하루가 되기를 소망합니다.

이번 주 성경읽기 스케줄

주일	리딩지저스 영상 시청, 성경수업 읽기			
	기본 읽기		핵심 읽기	
월	삼하 1-4장	완독	삼하 2장	
화	삼하 5-8장		삼하 7장	
수	삼하 9-12장		삼하 12장	
목	삼하 13-16장		삼하 15장	
금	삼하 17-20장		삼하 19장	
토	삼하 21-24장		삼하 22장	

1일차 유다의 왕이 된 다윗

기본 읽기 사무엘하 1-4장
핵심 읽기 사무엘하 2장

사울과 그 아들들의 전사 소식을 들은 다윗은 크게 슬퍼합니다. 유다 지파 사람들은 다윗을 자신들의 왕으로 삼습니다. 그러나 장군 아브넬을 비롯해, 아직 남아 있는 사울 왕가에 충성했던 이들은 다윗과 유다 지파를 치기 위해 군사를 일으킵니다. 이 전쟁 중에 아브넬은 사울의 아들 이스보셋을 배반하고, 아브넬은 요압에게 살해당합니다. 이 같은 참담한 상황에서 다윗은 점점 이스라엘의 왕으로서 자리를 잡아 갑니다. 사울 왕가 내부의 암투 끝에 사울의 아들 이스보셋이 살해를 당하고, 이로써 다윗의 왕위를 위협하는 인물은 모두 제거됩니다. 그런데 다윗은 오히려 이스보셋을 죽인 암살범들을 처형하라고 명령합니다. 다윗은 악을 악으로 갚지 않는 방법을 선택합니다.

2일차 이스라엘에 드디어 빛이 비치다

기본 읽기 사무엘하 5-8장
핵심 읽기 사무엘하 7장

사울 왕가가 정리되면서 다윗은 비로소 온 이스라엘의 왕이 됩니다. 다윗은 여부스 사람들의 수중에 있던 예루살렘을 빼앗아 그곳으로 이동하고, 하나님의 궤를 자신의 거처로 옮깁니다. 이때 다윗은 하나님 앞에서 힘을 다해 뛰놀며 춤추며 예배합니다. 반면, 사울의 딸이자 다윗의 아내인 미갈은 그렇게 예배하는 다윗을 업신여깁니다. 이는 두 가문의 차이를 단적으로 보여 주는 장면입니다. 다윗은 왕궁에 있는 자신에 비해 하나님의 궤가 초라하게 있는 것이 민망해 성전을 짓고 싶어 합니다. 하지만 하나님은 다윗의 뜻을 막으시고, 그 대신 다윗의 집과 그 나라가 영원히 보전되고 왕위가 영원히 견고할 것이라는 약속을 주십니다. 하나님과 함께한 다윗은 어디를 가든지 승리하였고, 드디어 이스라엘에도 빛이 비치는 듯합니다.

3일차 다윗 집안에 일어나는 혼란

기본 읽기 사무엘하 9-12장
핵심 읽기 사무엘하 12장

다윗은 요나단의 아들 므비보셋이 살아 있다는 소식을 듣고는 그를 왕궁으로 불러 후하게 대접하고 보살핍니다. 그리고 그는 암몬 자손과의 전쟁에서 연전연승합니다. 한편, 온 이스라엘 군대가 전쟁터로 나간 와중에 예루살렘 왕궁에 있던 다윗은 죄를 짓고 맙니다. 부하인 우리아의 아내 밧세바가 목욕하는 모습을 보고는 밧세바를 범합니다. 다윗은 이 일을 덮으려 했으나 뜻대로 되지 않자, 우리아를 전쟁터에서 죽게 만듭니다. 이 일로 하나님의 진노를 산 다윗에게 선지자 나단이 찾아와 그를 책망합니다. 다윗은 깊이 회개했으나 하나님은 밧세바와의 사이에서 태어난 아이의 목숨을 거두십니다. 그리고 다윗 집안의 혼란은 여기서 끝나지 않습니다.

4일차 압살롬의 반역

기본 읽기 사무엘하 13-16장
핵심 읽기 사무엘하 15장

다윗의 아들 암논이 누이 다말을 겁탈하고, 이 일로 분노한 다윗의 다른 아들 압살롬이 암논을 죽이는 사건이 터집니다. 압살롬이 암논을 죽이고 아버지 다윗을 피해 도망가자, 요압은 다윗이 압살롬을 사랑하는 것을 간파하고는 압살롬이 돌아오도록 꾀를 냅니다. 요압의 계책 덕분에 압살롬은 왕의 용서를 받고 돌아오게 됩니다. 그의 멋진 외모는 사람들의 주목을 받기에 충분했고, 사람들의 호감을 얻기 위해 그는 재판을 손수 주관하기까지 하면서 사람들을 모으기 시작합니다. 그리고 때가 되자 아버지 다윗에게 반란을 일으킵니다. 이 일로 다윗은 피난 와중에 온갖 모욕과 수모를 당하지만 그에게는 여전히 충성스러운 신하들이 있었습니다. 다윗은 이 위기를 어떻게 헤쳐 나갈까요?

5일차 혼란은 수습되나 불씨는 남아서…

기본 읽기 사무엘하 17-20장
핵심 읽기 사무엘하 19장

다윗과 압살롬 사이의 내전에서 후새는 압살롬에게 전면전을 펼치라는 계책을 내고, 아히도벨은 야간 기습을 제안합니다. 다윗을 몰래 지지하면서 압살롬에게 위장하여 그의 옆에 있던 후새의 전략이 채택되자, 아히도벨은 패배를 직감하고 고향으로 돌아가 자결합니다. 결국 전투는 압살롬의 패배로 끝나고, 압살롬은 그가 자랑하던 머리카락이 상수리나무에 걸리는 바람에 요압에게 비참하게 죽임을 당합니다. 압살롬의 전사 소식을 듣고 다윗이 목놓아 울자, 요압은 다윗에게 슬픔을 그치라고 조언하며 강직한 면모를 보입니다. 하지만 요압은 모략을 써서 반대파를 잔인하게 제거하는 양면적인 사람이었습니다. 이런 와중에 다윗을 따르는 이들과 그렇지 않은 이들의 모습이 혼란스럽게 펼쳐집니다. 다윗의 범죄 때문에 임한 하나님의 심판은 끝나지 않습니다. 신실했던 다윗일지라도 자신의 범죄로 인한 하나님의 심판을 피하지 못합니다. 하나님은 공의로운 분이시기 때문입니다.

6일차 이스라엘의 진정한 왕은 누구인가

기본 읽기 사무엘하 21-24장
핵심 읽기 사무엘하 22장

사무엘하 마지막 부분은 다윗의 통치 후반에 그 주변에서 명성을 떨친 이들을 짧게 소개합니다. 다윗에 충성한 수많은 용사와 신하의 이름을 짧게나마 소개하며 이들이 다윗 왕국을 이끌어 왔음을 보여 줍니다. 또한 다윗의 시한 편과 유언을 통해 하나님을 향한 감사와 찬양이 다윗의 중심에서 끊이지 않았음을 전합니다. 그러고는 다윗의 마지막 실수였던 인구조사 사건이 등장합니다. 이는 하나님이 원치 않으시는 인구조사를 다윗이 강행한 사건으로, 이를 통해 다윗 역시 허물이 많은 사람임이 다시 한번 확인됩니다. 그렇지만 하나님은 그 허물조차 그분의 계획을 위해 사용하십니다. 다윗은 아라우나의 타작마당을 매입하게 하고, 그곳에서 하나님께 제사를 지내도록 합니다. 이렇게 다윗의 시대가 저물어 갑니다.

2부

성/경/수/업

이스라엘의 진정한 왕을 소망하며

네 집과 네 나라가
내 앞에서 영원히 보전되고
네 왕위가 영원히 견고하리라
하셨다 하라

사무엘하 7장 16절

Lesson 1 겉모습만 본다면

골리앗의 도전과 이스라엘의 두려움

다윗과 골리앗 이야기는 구약성경에서 가장 유명한 이야기 중 하나로 다윗을 일약 전쟁 영웅으로 부각하는 감동적인 이야기입니다. 그러나 우리는 이 이야기를 어린 목동이 엄청난 거인을 쓰러뜨린 인간 승리의 사연으로만 단순히 이해해서는 안 됩니다. 성경의 역사적 문맥에서 이 이야기가 전하는 훨씬 더 깊은 내용을 살펴봐야 합니다.

골리앗은 이스라엘의 오랜 숙적 블레셋을 대표하는 장수로서 이스라엘 대표자와의 일대일 결투를 청합니다. 당연히 그와 맞설 수 있는 유일한 상대는 사울 왕이었습니다. 애초에 이스라엘 백성이 '왕'을 원했던 이유가 바로 이럴 때 백성 앞에서 싸워 주는 사람을 원했기 때문입니다. 하지만 사울 왕은 나서지 않습니다. 전투 현장에서 그의 모습은 보이지 않았습니다. 골리앗이 이스라엘을 "사울의 종"이라고 부르며 거침없이 하나님의 백성을 조롱해도(사무엘상 17:8) 사울 왕은 나서지 못합니다. 그는 골리앗이 두려웠기 때문입니다.

사울이 골리앗을 두려워한 이유는 그의 위협적인 겉모습 때문이었습니다. 성경은 골리앗의 큰 키와 무기를 인상적으로 상세히 묘사합니다. 키는 보통 사람 두 배나 되는 거인이었고, 머리에 쓴 놋 투구, 온몸을 덮은 놋 비늘 갑옷, 다리에 찬 놋 각반, 어깨에 건 놋 단창, 그리고 손에는 최신식 창을 들고 있었습니다. 사울도 이스라엘 사람 중에서 키가 가장 컸고 좋은 무기도 가지고 있었습니다. 하지만 골리앗과 싸우는 데 필요한 모든 자원을 다 갖추고도 정작 나가서 싸우지는 못했습니다. 골리앗에 맞설 만한 용기도, 믿음도 없었습니다. 이는 하나님께 버림받은 뒤 점차 하향 곡선을 그리며 결국 백성이 기대하는 왕의 모습을 잃어버리는 자리까지 추락하는 그의 삶을 통해서도 나타납니다. 이런 사울을 왕으로 받들고 있던 이스라엘은 위협적인 골리앗 앞에서 그저 벌벌 떨고 있었을 뿐입니다. 우리는 이 장면에서 하나님이 이미 하셨던 말씀을 떠올리게 됩니다.

> 사람은 외모를 보거니와 나 여호와는 중심을 보느니라(사무엘상 16:7)

골리앗의 무시무시한 겉모습에 감춰져 있던 것은 만군의 여호와께 대적하는, 할례받지 않은 자의 마음이었습니다. 다윗은 바로 이 점을 여러 번 지적하면서(사무엘상 17:26, 36, 45), 하나님을 무시하는 골리앗이 만군의 여호와 앞에서는 별것 아니라는 점을 명확히 밝힙니다. 이는 "여호와의 구원은 사람이 많고 적음에 달리지 아니하였느니라"(사무엘상 14:6)라고 선포하며 혼자서 블레셋 적진에 들어갔던 요나단에게 하나님이 대승을 거두게 하시는 사무엘상 14장의 장면을 통해서 이미 드러난 바입니다. 지금 골리앗의 위협 앞에서 이스라엘에게 필요한 것은 또 다른 요나단이었습니다. 골리앗의 겉모습만 보고 두려움에 얼어붙어 있는 그들을 구할 사람, 하나님을 신뢰하며 하나님 백성을 구할 바른 구원자가 필요했습니다. 그는 누구일까요?

Lesson 2 천하무적을 쓰러뜨린 목동

소년 다윗의 무기

사울과 모든 이스라엘 백성이 두려움에 떨고 있는 현장에 목동 다윗이 등장합니다. 다윗은 전장에 나가 있는 세 형의 안부를 물으러 왔다가 때마침 골리앗이 평소처럼 싸움을 부추기는 장면을 목격합니다. 그는 즉시 골리앗의 겉모습에 가려진 핵심을 간파하며 이렇게 외칩니다.

> 이 할례받지 않은 블레셋 사람이 누구이기에 살아 계시는 하나님의 군대를 모욕하겠느냐?(사무엘상 17:26)

무시무시한 거인 골리앗이 다윗의 눈에는 고작 하나님과 대적하려는 소인으로 보인 것입니다. 하지만 사울 왕은 이 소식을 듣고 다윗에게 말합니다.

> 네가 가서 저 블레셋 사람과 싸울 수 없으리니 너는 소년이요 그는 어려서부터 용사임이니라(사무엘상 17:33)

언뜻 들으면 맞는 말 같지만, 사울의 말은 그저 다윗의 겉모습만 보고 평가한 것이었습니다. 다윗에게는 자신에게 없는 중요한 한 가지, 여호와가

다윗이 승리를 확신한 이유는 물매 때문이 아니었습니다. 그는 하나님이 개입하셔서 싸워 주시리라 기대했고, **승리가** 자신의 탁월함이나 무기에 달린 것이 아니라 **여호와가 주시는 것**임을 모든 사람에게 알리려 했습니다.

함께하신다는 사실을 묵과한 채 말이죠. 다윗이 사자와 곰과 싸울 때 이기게 하셨던 목자 하나님이 이제 곧 할례받지 않은 골리앗을 그 짐승들처럼 만드실 것입니다. 여호와가 사자와 곰 같은 들짐승에게서 다윗을 구해 주셨다면 좀 더 큰 짐승 같은 골리앗도 쉽게 처리하실 수 있을 테니까요.

다윗을 말리던 사울은 "가라! 여호와께서 너와 함께 계시기를 원하노라"(사무엘상 17:37)라는 상투적인 말을 던집니다. 모순적이게도 이미 여호와의 영은 사울에게서 떠나 다윗과 함께 계셨습니다. 또한 사울은 자신이 왕으로서 할 일을 다윗에게 맡긴다는 의미로 자기 갑옷을 다윗에게 입히려 합니다. 하지만 다윗은 사울이 아니었습니다. 훗날 왕이 될 때도 사울과는 전혀 다른 종류의 왕이 될 것입니다. 다윗은 사울의 무기를 그대로 두고 목자의 장비만 차고 나갑니다. 다윗은 골리앗의 다섯 무기와 대조되는 물매 돌 다섯 개만 들고 골리앗 앞에 우뚝 섭니다. 그러자 변변한 무기조차 갖추지 않은 소년 다윗을 보고 골리앗은 분개하며 외칩니다.

> 네가 나를 개로 여기고 막대기를 가지고 내게 나아왔느냐?(사무엘상 17:43)

부지중에 자신을 짐승에 비유하며 진실을 말한 셈이죠. 이 목동은 이제 곧 자기 양떼를 위협하던 들개를 다루듯 그를 처리할 것입니다. 고대에 가장 효과적이고 정확한 무기 중 하나였던 물매를 사용해서 말이죠. 하지만 다윗이 승리를 확신한 이유는 물매 때문이 아니었습니다. 그의 비밀 무기는 여호와 하나님이었습니다.

> 다윗이 블레셋 사람에게 이르되 너는 칼과 창과 단창으로 내게 나아오거니와 나는 만군의 여호와의 이름 곧 네가 모욕하는 이스라엘 군대의 하나님의 이름으로 네게 나아가노라(사무엘상 17:45)

여기서 "만군의 여호와"라는 하나님의 군사적인 이름이 그의 확신을 보여 줍니다. 다윗은 하나님이 개입하셔서 싸워 주시리라 기대했고, 따라서 승리가 자신의 탁월함이나 무기에 달린 것이 아니라 여호와가 주시는 것임을 모든 사람에게 알리려 했습니다. 막상 싸움은 시작되자마자 싱겁게 끝납니다. 다윗은 단 한 발의 물매로 거인 골리앗을 쓰러뜨리고, 골리앗은 다윗 앞에 엎드러져 목이 베입니다. 마치 이전에 블레셋의 다곤 신상이 신전 안에서 머리가 잘린 채 언약궤 앞에 엎드러져 있던 모습과 같습니다. 결국 블레셋은 하나님을 모욕한 대가로 비참한 결과를 맞고, 이스라엘은 다윗의 승리로 인해 다 함께 승리를 경험합니다.

Lesson 3 하나님 뜻대로 하나님 시간에 맞춰

성전 건축과 하나님의 언약

골리앗과의 싸움을 승리로 이끈 다윗은 그 후 오랜 과정을 거치며 이스라엘 전체를 다스리는 왕으로 등극하고, 그의 위치는 계속 견고해집니다. 그러던 어느 날 그는 예루살렘에 중앙 성전을 짓고 싶다는 마음을 품는데, 다윗의 이 소망은 오래전 신명기 12장에서 하나님이 말씀하신 것과 관련이 있었습니다. 성전 건축의 주된 의미는 하나님이 이스라엘에게 안식을 주시고 약속의 땅에서 자신의 왕 되심을 드러내시는 것이었습니다. 이제 다윗은 왕궁에서 평안히 살게 되었고, 여호와가 주위의 모든 원수에게서 지켜 주셨기 때문에 성전을 건축할 모든 조건이 충족된 듯 보였습니다. 그래서 다윗은 성전을 건축할 때가 되었다고 생각했습니다. 나단 선지자도 들뜬 마음으로 다윗을 격려하며 이에 찬성합니다. 하지만 과연 그것이 하나님의 뜻이었을까요? 하나님은 나단 선지자를 통해서 다윗에게 하나님의 심오한 계획을 알려 주십니다.

예배를 위한 중앙 성전 건축은 다윗이 왕이라고 해서 정할 일이 아니라, 하나님이 택하신 장소에 하나님이 세우실 일이었기 때문입니다. 그래서 여호와는 아직 그 장소를 언급하지 않으셨던 것이죠. 하나님은 다윗의

다윗의 집은 하나님의 '헤세드', 하나님의 영원한 언약적 신실함을 약속으로 받습니다. 그의 나라는 **하나님의 신실한 언약**에 기초하여 영원히 견고할 것입니다. 다윗의 왕위 또한 영원히 견고하여 그의 후손은 영원히 통치할 것입니다. 결국 **이 언약은 나중에 오실 메시아, 예수 그리스도를 통해서 완성**됩니다.

성전 건축을 금하시면서, 오히려 하나님의 원대한 계획이 담긴 언약을 다윗과 맺으십니다(사무엘하 7:1-17). 즉 다윗이 여호와를 위해 집을 짓는 것이 아니라, 여호와가 다윗을 위해 집을 지어 주실 것이라고 말씀하십니다. 이는 다윗의 왕위를 영원히 견고하게 하실 분은 여호와 하나님이시며, 하나님이 그 백성 가운데 거하며 사방의 적들로부터 평안을 주시는 영원한 상징으로서 새로운 예배 처소를 준비하실 것이라는 내용의 언약이었습니다. 또한 하나님은 다윗의 이름을 위대하게 만들어 주시며, 그 후손이 영원히 통치하도록 하겠다고 약속하십니다. 이는 다윗도 아브라함처럼 그의 몸에서 나올 씨를 통해 후손을 볼 것이며, 그 후손을 통해 다윗이 지금 믿음으로만 볼 수 있는 영원한 하나님의 나라가 실현된다는 약속이었습니다. 곧 하나님의 심오한 섭리와 계획이 담긴 언약이었죠.

> 네 집과 네 나라가 내 앞에서 영원히 보전되고 네 왕위가 영원히 견고하리라 하셨다 하라(사무엘하 7:16)

하지만 하나님의 시내 산 언약에 조건적 측면이 있었듯이, 다윗 언약에도 조건적인 면이 있었습니다. 오직 하나님의 법대로 순종한 이들만 언약 관계의 축복을 누릴 수 있다는 것이었습니다. 반대로 만일 그가 죄를 범한다면 징계를 받을 것입니다. 그것은 사랑과 자비가 가득한 아버지의 체벌과 같은 것이었죠. 그런 면에서 비극적 인물인 사울은 하나님과의 언약 관계에 있지 않았기 때문에 범죄했을 때 회복하지 못합니다. 그러나 그와 달리 다윗의 집은 하나님의 '헤세드', 하나님의 영원한 언약적 신실함을 약속으로 받습니다. 다윗의 집으로 세워질 그의 나라는 다윗이나 후손의 행위에 따라 좌우되지 않고 하나님의 신실한 언약에 기초하여 영원히 견고할 것입니다. 다윗의 왕위 또한 영원히 견고하여 그의 후손은 영원히 통치할 것입니다. 결국 이 언약은 나중에 오실 메시아, 예수 그리스도를 통해서 완성됩니다.

Lesson 4 절대 권력은 절대 부패한다

내리막길을 걷는 다윗

하나님의 놀라운 언약을 받은 다윗은 감사의 고백을 쏟아 냅니다. 그는 하나님의 위대하심과 주권을 거듭 선포하면서, 하나님이 주신 '종'의 칭호를 받아들이고 진정한 왕이신 하나님께 온전히 복종하겠다고 고백합니다. 그리고 성전이 지어질 장소와 시기를 온전히 하나님께 맡기면서 이스라엘의 진정한 왕이 누구신지를 명확하게 고백합니다. 적어도 이론적으로는 말입니다.

하지만 이어지는 이야기를 통해서 이론과 실제가 사뭇 다른 것을 보게 됩니다. 사무엘하 8-10장은 전반적으로 다윗의 공적을 치하하는 내용으로 그의 승리에 초점을 맞추면서 점점 하나님이 사라져 가는 불길한 전조를 보입니다. 다윗의 출발은 좋았으나 과연 그 행보를 유지할지, 아니면 "절대 권력은 절대 부패한다"라는 액턴 경(Lord Acton)의 유명한 경언이 사실임을 증명하게 될지, 사무엘서를 읽는 독자들 마음에 의문을 불러일으킵니다.

아니나 다를까 다윗은 자신의 개인적 거처를 이스라엘의 정치적·영적 중심지인 예루살렘에 마련한 데 이어서, 계속 확대되는 왕국 운영에 필요

결국 다윗은 자신의 권력을 남용한 왕이었으며 이스라엘의 **진정한 소망**이 아니었습니다. 이스라엘의 진정한 소망은 오직 종으로 오신 왕, 다른 이들을 위해 자기 삶 전부를 내어 주시고 십자가에서 죽기까지 자신을 비우시고 우리를 그의 백성이 되게 하신 바로 그분입니다.

한 정치적 행정 기관을 세워 나갑니다. 이러한 행정 조직은 요압이 군사령관이 되어 총 지휘권을 갖게 되는 새로운 군사 개편에서 드러납니다. 즉 이스라엘을 이끌어 전쟁을 치르는 '왕'을 원했던 애초의 생각은 사라져 버린 셈입니다. 이런 모습은 이후 이스라엘 역사에서 더 심화됩니다. 사무엘하 8장이 보여 주는 여러 행정 부서와 구조는 훗날 솔로몬 제국의 조직과 비교해 보면 어린아이 장난 수준에 지나지 않았습니다(열왕기상 4장).

다윗의 관료 체제는 괴물 프랑켄슈타인과 같이 통제 불가능한 모습으로 변해 갑니다. 한 예로 다윗은 유능한 군사적 지휘자이었음에도, 요압을 비롯해 말솜씨 좋은 다른 관료들에게 쉽게 속아 넘어갑니다. 하나님의 백성을 섬기려는 큰 목적은 사라져 버리고 왕정 체제 자체를 지켜 내는 것이 목적이 되어 버립니다. 결국 다윗은 진정한 왕이신 하나님을 온전히 의지하기보다 자기가 왕으로서 동원할 수 있는 인력을 파악하기 위해 인구 조사를 감행하는 죄까지 범하고, 그 결과 큰 심판을 초래합니다. 성경 저자는 이 내용을 기록하며 사무엘서를 마무리합니다(사무엘하 24장).

하지만 하나님은 그런 죄조차도 그분의 더 큰 목적을 위해 사용하는 은혜를 보여 주십니다. 다윗은 자신의 죄로 인해 생긴 전염병을 거두어 주신 하나님께 아라우나의 타작마당에서 번제와 화목제를 드립니다. 하나님은 아라우나의 타작마당을 장래 예루살렘 성전을 세울 장소로 지목하십니다. 그곳은 갈보리 언덕 가까이 있는 미래의 성전터였습니다. 그리고 그곳에서 드려진 제사는 하나님의 진노를 거두는 방편이 되어 언약 당사자가 지은 죄로 인한 죽음의 형벌을 멈추게 합니다. 이는 하나님의 큰 은혜였으며, 궁극적으로 먼 훗날 이 자리에서 완성하실 예수 그리스도의 구속을 바라보게 하는 일이었습니다.

Lesson 5 빛났으나 그만큼 어두웠던

다윗의 명암

다윗은 좋은 사람일까요, 나쁜 사람일까요? 성경 이야기를 통해 구약성경의 인물을 접하는 우리에게 이 질문은 얼핏 의심의 여지가 없는 것 같습니다. 다윗은 뛰어난 군사 전략가요, 유능한 정치인이며, 국가를 잘 통치한 탁월한 행정가였고, 감성이 풍부한 시인이며 음악가였습니다. 또한 그는 하나님과 친밀한 관계를 누리며 타인의 복지를 위해 자비를 베풀줄 알았으며, 죄를 지적받은 즉시 회개할 줄 알았고, 성전과 제사 같은 종교 문제에도 깊은 관심을 보였습니다. 다윗은 당연히 좋은 사람이며 훌륭한 성경 인물 중 한 사람입니다. 하지만 이런 관점은 다윗 이야기 전체를 낙관적으로만 읽게 하는 위험한 해석학적 렌즈가 될 수 있습니다. 여기서 중요한 질문은, 정작 사무엘서 저자가 이런 관점에 동의했을까 하는 점입니다. 만약 그렇다면, 하나님의 진노 아래 있는 다윗에 대해서는 열네 장에 걸쳐 말하면서 하나님의 축복 아래 있는 다윗에 대해서는 고작 열 장만 할애하지는 않았을 것입니다.

우리는 다윗의 이야기를 면밀히 검토해 볼 필요가 있습니다. 자신의 목적을 위해 한 여인을 악용할 뿐 아니라, 냉혹하게 그 남편의 죽음을 사주

한 이 사람을 어떻게 이해해야 할까요? 이것은 분명히 자신이 원하는 것을 쟁취하기 위해 권력을 남용한 정욕에 불과했습니다. 자신의 죄에 일말의 죄책감도 없이 우리야의 사망 소식을 듣자마자 침착하게 밧세바를 자신의 궁으로 불러들이고, 선지자가 그 죄를 공개적으로 지적하기 전까지는 양심의 가책을 전혀 느끼지 않은 사람을 어떻게 이해해야 할까요? 그가 가나안 성들을 차지한 후에 가나안의 왕들처럼 행동했다는 점은 어떻게 보아야 하며, 수없이 많은 무고한 사람의 피를 흘리게 했던 요압에 대한 정당한 심판을 자신의 사후로 미루는 정치적 계략은 또 어떻게 이해해야 할까요? 반복해서 드러나는 다윗의 그리 대단하지 않은 도덕성은 그에 대해 무엇을 말해 주나요? 우리는 종종 "다윗은 어떤 사람이어야 한다"라는 선입견 때문에 성경 본문이 실제로 말하는 그의 모습을 잘못 해석하기가 쉽습니다.

물론 골리앗과의 싸움에서 나타나는 다윗의 모습은 매우 훌륭합니다. 이스라엘의 소망이 될 만한 진정한 왕의 모습이었습니다. 출발은 좋았으나 결국 다윗은 자신의 권력을 남용한 왕이었으며 이스라엘의 진정한 소망이 아니었습니다. 이스라엘의 진정한 소망은 오직 종으로 오신 왕, 다른 이들을 위해 자기 삶 전부를 내어주시고 십자가에서 죽기까지 자신을 비우시고 우리를 그의 백성이 되게 하신 바로 그분입니다. 우리는 다윗을 통해 궁극적으로 그리스도를 바라보아야 합니다. 다윗의 훌륭한 면과 부족한 면을 통해 우리는 참되신 왕 그리스도, 완전하신 구원자인 그리스도를 바라보아야 합니다.

READING JESUS

리딩지저스

: 그리스도 중심으로 읽는 사무엘상·하 2

다윗과 그의 삶은 여러 면에서 예수 그리스도를 기대하고 소망하게 합니다. 우선 그는 골리앗과의 싸움에서 완전한 왕으로 오실 예수 그리스도를 예표적으로 보여 줍니다. "나는 만군의 여호와의 이름으로 네게 나아가노라"라는 다윗의 선포는 여호와의 이름으로 오실 예수 그리스도를 기대하게 하며, 골리앗을 쓰러뜨린 다윗의 승리는 "내가 세상을 이기었노라"라고 선포하신 그리스도의 승리를 바라보게 합니다. 또한 다윗의 승리를 통한 이스라엘 백성 전체의 승리는 그리스도의 승리로 인해 하나님의 백성이 누릴 완전한 승리를 보여 줍니다. 하지만 다윗의 많은 실수와 범죄는 그보다 더 나은 왕, 이스라엘의 완전한 왕으로 오실 예수 그리스도를 바라보게 합니다. 그분은 육신의 정욕이나 권력을 남용하는 왕이 아니라, 스스로 종이 되어 자기 백성을 위해 생명을 내주시는 진정한 왕이십니다.

또한 하나님이 다윗과 맺으신 언약과 예루살렘 성전은 영원한 보좌에 앉아 영원한 나라를 세우실 예수 그리스도를 바라보게 합니다. 다윗에게 약속하신 영원한 아들과 영원한 성전은 그리스도가 오심으로만 성취될 것입니다. 그분만이 하나님의 영원한 아들이시며 하나님은 성령을 통해 그분 안에 거하시기 때문입니다. 그러므로 이제 우리는 어디에 있든지 그리스도 안에서 영과 진리로 예배할 수 있게 되었습니다. 그리스도 안에서 이미 성취되었고 성령의 오심을 통해 새 시대가 시작되었습니다.

3부

성/경/나/눔

사무엘상·하 2

한눈에 보기

최신식 무기로 무장한 거인 골리앗이 이스라엘에 일대일 싸움을 걸어오지만, 이스라엘의 최장신 사울 왕은 이에 나서지 않습니다. 골리앗이 두렵기도 했지만, 그보다는 이미 하나님께 버림받아 백성이 기대하는 왕의 자태를 잃어버렸기 때문입니다. 이런 사울을 왕으로 받들며 골리앗의 위협 앞에서 떨고만 있는 이스라엘을 위해 하나님은 목동 다윗을 골리앗의 적수로 보내십니다. 하나님이 자기 백성을 위해 진정한 '왕'으로 싸우신다고 신뢰한 다윗은 싸움의 승리가 자신의 탁월함이나 무기가 아니라 여호와 하나님께 속한 것임을 모든 사람에게 선포합니다. 다윗의 물매 돌 단 한 발로 골리앗은 쓰러지고, 다윗의 승리로 온 이스라엘은 함께 승리를 경험합니다.

다윗은 그 후 오랜 과정을 거치며 이스라엘 전체를 다스리는 왕으로 등극하는데, 점점 그 위치가 견고해 가던 어느 날 예루살렘에 중앙 성전을 짓고 싶다는 마음을 품습니다. 오래전 신명기 12장에서 하나님은 이스라엘에게 안식을 주실 때 약속의 땅에서 하나님의 왕 되심을 드러내시는 목적을 위해 성전 건축을 약속하셨습니다. 이제 모든 조건이 충족되었다 싶은 다윗은 성전을 건축하려 하지만, 하나님은 그 요청을 거부하시며 오히려 하나님의 계획이 담긴 언약을 다윗과 맺으십니다. 예배를 위한 중앙 성전 건축은 다윗이 정할 일이 아니라 하나님이 택하신 장소에 하나님이 세우실 일이었기 때문입니다. 언약의 내용은 하나님이 다윗의 왕위를 영원히 견고하게 하시고, 다윗의 이름을 위대하게 만들어 주시며, 그의 몸에서 나올 씨를 통해 지금은 오직 믿음으로만 볼 수 있는 영원한 하나님의 나라가 실현된다는 것이었습니다.

이런 하나님의 놀라운 언약을 받은 다윗은 감사의 고백을 쏟아 내며 하나님의 위대하심과 주권을 거듭 선포하면서 진정한 왕이신 하나님께 온전히 복종하겠다고 고백합니다. 하지만 이어지는 이야기는 지금까지와는 사뭇 다릅니다. 다윗은 죄인의 여러 모습을 다양하게 보여 줍니다. 결국 사무엘서 저자는 다윗의 내리막길을 씁쓸하게 기록하면서 그의 죄로 인한 심판으로 결론을 맺습니다.

일견 다윗은 성경에서 가장 훌륭한 인물 중 한 사람으로 꼽을 만한 사람입니다. 탁월한 군사 전략가요, 뛰어난 지도자요, 심지어 자신의 죄를 지적받고는 즉시 회개하는 인물입니다. 하지만 이 모든 훌륭함에도 불구하고 그 역시 죄인임을 성경은 낱낱이 기록합니다. 자신의 정욕을 위해 남의 아내를 취하고 그 남편을 냉혹하게 죽이고 결국 그 여인을 자기 아내로 만든 사람입니다. 사무엘서는 이런 다윗의 죄성을 가감 없이 펼쳐 보입니다. 그것은 다윗이 이스라엘의 궁극적 소망이 될 수 없기 때문입니다. 이스라엘의 진정한 소망은 오직 종으로 오실 왕, 다른 이들을 위해 자기 삶 전부를 내어 주시고 십자가에서 죽기까지 자기 백성을 사랑하신 예수 그리스도이기 때문입니다. 따라서 우리가 바라보아야 할 분은 오직 그분입니다.

성경수업 돌아보기

❶ **"여호와께서 사무엘에게 이르시되 그의 용모와 키를 보지 말라 내가 이미 그를 버렸노라 내가 보는 것은 (   )과 같지 아니하니 사람은 (   )를 보거니와 나 여호와는 (   )을 보느니라 하시더라"**(사무엘상 16:7)

❷ 골리앗과 싸우던 다윗이 가진 승리의 확신은 물매 때문이 아니었습니다. 다음 성경 구절은 다윗이 무엇을 의지하고 있었는지를 잘 보여 줍니다.
"다윗이 블레셋 사람에게 이르되 너는 칼과 창과 단창으로 내게 나아오거니와 나는 (   )의 이름 곧 네가 모욕하는 (   )의 이름으로 네게 나아가노라"(사무엘상 17:45)

❸ 하나님은 중앙 성전을 지으려는 다윗을 막으시고 오히려 하나님의 원대한 계획이 담긴 (   )을 다윗과 맺으십니다. 즉 다윗이 여호와를 위해 집을 짓는 것이 아니라 여호와가 다윗을 위해 집을 지어 주실 것이며, 다윗의 왕위를 영원히 견고하게 하실 분은 여호와 하나님이라고 말씀하십니다. (성경수업 Lesson3)

❹ 다윗이 하나님과 맺은 언약에도 조건적인 면이 있었습니다. 오직 (　　　　　　　)대로 순종하는 이들만 그 언약 관계의 축복을 누릴 수 있다는 것입니다. 다만, 다윗의 집은 사울과 달리 하나님의 영원한 언약적 (　　　　　)을 약속으로 받습니다. 이 나라는 하나님의 신실한 (　　　　)에 기초해 영원히 견고할 것입니다. (성경수업 Lesson3)

❺ 사무엘서 저자는 다윗을 마냥 긍정적으로만 그리지 않습니다. 결국 다윗은 권력을 남용한 왕이었으며 이스라엘의 진정한 (　　　　)이 아니었습니다. 우리는 다윗을 통해 궁극적으로 참된 왕이시며 완전한 구원자가 되시는 (　　　　　)를 바라보아야 합니다. (성경수업 Lesson5)

정답

1. 사람, 외모, 중심 2. 만군의 여호와, 이스라엘 군대의 하나님 3. 언약 4. 하나님의 법, 신실함, 언약 5. 소망, 그리스도

나눔
질문

❶ 변함없는 신실하심으로 언약을 지키며 자기 백성에게 은혜를 베푸시는 하나님을 경험한 적이 있나요?

❷ 다윗은 하나님 앞에서 자신을 '종'이라고 칭하지만, 이후 점차 권력에 취해 스스로 '왕'이 되려고 합니다. 나는 하나님 앞에서 '종'으로 살고 있나요, '왕'으로 살고 있나요?

❸ 골리앗과의 싸움에서 다윗이 거둔 승리가 이스라엘 전체의 승리가 되듯, 예수님이 십자가에서 죽으심과 부활하심을 통해 얻으신 승리가 우리 것이 되었습니다. 말씀을 따라 살아가며 승리하는 한 주간이 되기 위해서 내가 실천할 수 있는 것들을 나누어 봅시다.

기도로 함께 소망하며

❶ 성경 말씀에 기초해, 찬양과 감사의 기도를 드립니다.

하나님의 도는 완전하고 여호와의 말씀은 진실하니
그는 자기에게 피하는 모든 자에게 방패시로다
여호와 외에 누가 하나님이며 우리 하나님 외에 누가 반석이냐
사무엘하 22:31-32

❷ 일상의 변화를 소망하며, 회개와 결단의 기도를 드립니다.

❸ 서로를 위해, 또 교회를 위해 기도합니다.

하나님을 향한 찬양

시편 40편 1-8절

내가 여호와를 기다리고 기다렸더니
귀를 기울이사 나의 부르짖음을 들으셨도다
나를 기가 막힐 웅덩이와 수렁에서 끌어올리시고
내 발을 반석 위에 두사 내 걸음을 견고하게 하셨도다
새 노래 곧 우리 하나님께 올릴 찬송을 내 입에 두셨으니
많은 사람이 보고 두려워하여 여호와를 의지하리로다
여호와를 의지하고
교만한 자와 거짓에 치우치는 자를 돌아보지 아니하는 자는 복이 있도다
여호와 나의 하나님이여 주께서 행하신 기적이 많고
우리를 향하신 주의 생각도 많아 누구도 주와 견줄 수가 없나이다
내가 널리 알려 말하고자 하나 너무 많아 그 수를 셀 수도 없나이다
주께서 내 귀를 통하여 내게 들려 주시기를
제사와 예물을 기뻐하지 아니하시며
번제와 속죄제를 요구하지 아니하신다 하신지라
그 때에 내가 말하기를
내가 왔나이다
나를 가리켜 기록한 것이 두루마리 책에 있나이다
나의 하나님이여 내가 주의 뜻 행하기를 즐기오니
주의 법이 나의 심중에 있나이다 하였나이다

4

열왕기상·하

성경읽기 열왕기상 1-22장, 열왕기하 1-25장

성경수업 번영에서 패망으로

성경나눔

열왕기상·하에 들어가며

열왕기는 사무엘서와 여러 면에서 대조됩니다. 사무엘서가 사무엘의 출생부터 다윗의 말년까지 불과 두 세대를 다룬다면, 열왕기는 다윗의 말년부터 열여덟 왕에 이르는 긴 기간 동안 진행됩니다. 사무엘서가 실로의 성소가 쇠퇴하고 붕괴되는 이야기로 시작해서 예루살렘 성전 건축을 준비하는 이야기로 끝난다면, 열왕기는 성전 건축 이야기로 시작해서 성전의 쇠퇴와 붕괴 이야기로 끝납니다. 사무엘서가 왕이 없어 혼란에 빠졌던 사사 시대 말기에서 시작하여 하나님의 마음에 합한 왕 다윗의 통치 이야기로 끝난다면, 열왕기는 지혜의 왕 솔로몬의 통치로 시작해서 이스라엘이 왕을 잃고 백성이 포로로 끌려가는 이야기로 끝납니다. 한마디로 사무엘서가 낮은 곳에서 높은 곳으로 향해 간다면, 열왕기는 높은 곳에서 낮은 곳으로 내려갑니다.

열왕기를 통해 우리는 이 세상과 우리 개인의 삶에 나타나는 하나님의 점진적인 역사가 순조롭고 지속적인 상승만 있지 않고 굴곡과 기복이 있음을 알 수 있습니다.

이번 주와 다음 주에는 열왕기상과 열왕기하 전체를 통독하면서, 성경수업을 통해 이스라엘 분열의 역사와 그 가운데 활동한 선지자들의 모습, 그리고 개인과 국가의 역사를 신실하게 주관하시는 하나님을 살펴보겠습니다.

리딩지저스 영상
안내

리딩지저스 2권 4강: 열왕기상·하

QR코드를 찍으면 '열왕기상·하' 리딩지저스 영상으로 바로 연결됩니다. 또는 유튜브에서 '리딩지저스 열왕기상·하'를 검색하여 시청할 수 있습니다. '성경읽기'와 '성경수업'을 시작하기 전에 리딩지저스 영상을 시청하면 도움이 됩니다.

1부 — 성/경/읽/기

QR코드를 찍으면 **리딩지저스 오디오 바이블**로 연결됩니다. 45주 성경통독 일정에 맞추어 제작된 **오디오 바이블**을 통해 매일의 성경통독 분량을 부담 없이 완독할 수 있습니다. 그리스도 중심 성경읽기 《리딩지저스》와 함께하는 성경통독을 통해 하나님과 동행하는 하루하루가 되기를 소망합니다.

이번 주 성경읽기 스케줄

주일	리딩지저스 영상 시청, 성경수업 읽기			
	기본 읽기		핵심 읽기	
월	왕상 1-4장	완독	왕상 3장	
화	왕상 5-7장		왕상 5장	
수	왕상 8-10장		왕상 8장	
목	왕상 11-14장		왕상 11장	
금	왕상 15-18장		왕상 18장	
토	왕상 19-22장		왕상 21장	
	기본 읽기		핵심 읽기	
월	왕하 1-4장	완독	왕하 4장	
화	왕하 5-8장		왕하 8장	
수	왕하 9-12장		왕하 11장	
목	왕하 13-16장		왕하 13장	
금	왕하 17-20장		왕하 19장	
토	왕하 21-25장		왕하 25장	

1일차 솔로몬 통치의 시작

기본 읽기 열왕기상 1-4장
핵심 읽기 열왕기상 3장

평생을 용사로 살아온 다윗도 세월의 흐름 앞에서는 죽음을 기다리는 노인일 뿐입니다. 다윗은 자신의 왕위를 솔로몬에게 물려주기로 결심합니다. 또 다른 아들 아도니야가 왕위를 잇겠다는 야심을 노골적으로 드러낸 가운데 다윗은 솔로몬에게 안정적인 권력 승계를 위한 유언을 남기고 숨을 거둡니다. 솔로몬은 아도니야와 요압, 시므이를 처형하는 등 안정적인 왕위 승계 작업을 마무리한 후, 하나님께 지혜를 구합니다. 하나님은 솔로몬에게 지혜를 주시고 그가 구하지 않았던 장수와 부귀의 영광도 허락하겠다고 말씀하십니다. 이후 벌어진 한 건의 송사를 처리하는 모습을 통하여 솔로몬은 하나님이 주신 지혜를 직접 보여 줍니다. 이제 솔로몬의 통치가 본격적으로 시작됩니다.

2일차 솔로몬의 건축 사업

기본 읽기 열왕기상 5-7장
핵심 읽기 열왕기상 5장

솔로몬은 아버지 다윗이 부탁했던 하나님의 전을 건축하는 일을 잊지 않습니다. 솔로몬은 이웃 국가 두로에서 고급 목재를 수입하는 등 성전 건축을 위한 대규모 물량을 준비합니다. 당시 이스라엘과 두로는 사이가 좋은 편이었기에 두로의 왕 히람은 성전 건축을 위한 솔로몬의 거래에 흔쾌히 응하여 성전 건축 준비가 차근차근 진행됩니다. 또한 7년 간의 성전 건축과 함께 솔로몬은 자신의 왕궁을 13년 동안 건축합니다. 열왕기상 6-7장은 솔로몬 성전의 건축 과정과 내부 장식, 성전에서 사용하기 위해 준비한 각종 물품들에 대한 내용을 자세하게 서술합니다. 다윗 왕가의 숙원 사업이었던 성전 건축이 끝나자 솔로몬은 그의 아버지 다윗이 드린 각종 은금과 기구들을 성전 곳간에 보관하는 것으로 대공사를 마무리합니다.

3일차 솔로몬 통치의 정점

기본 읽기 열왕기상 8-10장
핵심 읽기 열왕기상 8장

성전과 왕궁 건축이 끝나자 솔로몬은 하나님의 궤를 성전으로 옮기고 대규모의 성전 낙성식을 열어 백성과 크게 즐거워합니다. 낙성식을 위하여 솔로몬은 수많은 양과 소로 제사를 지내고, 이스라엘의 장로들이 모두 모여 함께 축하합니다. 성전에 하나님의 영광이 가득하고, 이스라엘은 하나님이 베푸신 은혜로 기뻐하며 즐거워합니다. 하나님은 이스라엘과 솔로몬에게 크게 복을 주시고, 솔로몬이 계속해서 하나님을 섬길 것을 명하십니다. 솔로몬은 나라의 주요 도시에 국고성을 건축하고 정복 사업을 계속 이어나갑니다. 나라가 부강해지고 솔로몬의 명성이 주변 나라에 퍼지자, 이 소문을 듣고 사실 여부를 확인하기 위해 스바 지역의 여왕이 솔로몬을 찾아오는 사건은 솔로몬 통치 기간 중에서 가장 빛나는 순간입니다.

4일차 찢어진 왕국

기본 읽기 열왕기상 11-14장
핵심 읽기 열왕기상 11장

솔로몬의 통치 말년은 화려한 전성기와 달리 불안하게 마무리됩니다. 솔로몬은 각국의 여인들을 품고 부를 누리면서 조금씩 하나님을 멀리하기 시작합니다. 하나님이 친히 몇 번이나 나타나서 솔로몬에게 경고하시지만, 솔로몬은 듣지 않습니다. 선지자 아히야는 하나님이 이스라엘을 쪼개실 것을 선언하고, 북쪽 열 지파는 솔로몬 통치 말년에 반란을 일으켜 여로보암을 자신들의 지도자로 세웁니다. 여로보암은 하나님이 은혜를 베푸셔서 북쪽 열 지파의 왕이 됩니다. 그러나 그는 예루살렘으로 예배하러 가는 백성을 막는다는 명분으로 벧엘에 제단을 세우고 하나님이 원하시는 것과 다른 방식으로 예배를 드립니다. 이스라엘은 쪼개지고, 하나님의 말씀도 멀리하고 맙니다. 결국 여로보암의 잘못된 본보기로 북왕국은 하나님의 언약을 지키지 않는 백성으로 전락합니다.

5일차 왕들의 행적과 엘리야의 등장

기본 읽기 열왕기상 15-18장
핵심 읽기 열왕기상 18장

열왕기는 남북 왕국의 왕들을 교대로 소개하며 그들의 행적을 간단히 설명합니다. 남왕국에는 아사 왕처럼 그나마 하나님의 말씀대로 살기 위해 애썼던 왕들이 간혹 등장하지만, 그뿐입니다. 여러 왕이 저마다 나라를 통치하지만, 이들이 하나님께 순종하는 모습이 별로 보이지 않았기 때문에 성경은 이들의 통치에 큰 의미를 부여하지 않습니다. 남북 왕국 왕들의 행적을 빠른 호흡으로 설명하던 열왕기는 아합 왕대에서 잠시 호흡을 가다듬습니다. 아합은 이스라엘 역사에서 손에 꼽히는 강력한 군사력을 가졌던 왕이었지만, 유독 우상을 크게 섬겼고, 선지자 엘리야와 크게 충돌한 왕이었습니다. 하나님은 엘리야를 통해 이스라엘 전역에 가뭄을 선포하십니다. 엘리야는 바알과 아세라 선지자 750명과 대결하여 이들을 모두 섬멸하고 다시 비가 오도록 기도하여 응답을 받는 등 하나님께 크게 쓰임 받는 선지자로 등장합니다.

6일차 역사를 주관하시는 하나님

기본 읽기 열왕기상 19-22장
핵심 읽기 열왕기상 21장

아합의 아내 이세벨은 갈멜산 사건 때문에 엘리야의 목숨을 위협합니다. 낙심해서 지쳐버린 엘리야에게 하나님은 새로운 사명을 주시고, 그의 후계자로 엘리사를 지목하십니다. 하나님은 한 전투에서 아람을 아합 왕의 손에 붙이시지만, 아합은 자기 마음대로 관용을 베풀어 버립니다. 아합은 강력한 왕이었지만, 북왕국의 미래는 풍전등화 같아 보입니다. 그러다 성경은 갑자기 이세벨과 나봇이라는 사람 사이에서 포도원을 두고 벌어진 한 사건을 소개합니다. 나봇의 포도원을 이세벨이 사악한 방법으로 빼앗아버린 이 사건은 하나님이 직접 구획을 나누어 주신 땅을 힘으로 빼앗은 것이었습니다. 결국 이 사건은 아합 가문에 하나님의 심판이 선포되는 계기가 됩니다. 결국 아합이 아람 왕국과의 전쟁에서 전사하며 하나님의 심판이 본격적으로 시작됩니다.

7일차 엘리야의 사역을 계승하는 엘리사

기본 읽기 열왕기하 1-4장
핵심 읽기 열왕기하 4장

아합을 이어 왕이 된 아하시야는 자신의 병이 완쾌될지 궁금하여 블레셋의 바알세붑에게 사람을 보내어 물어보게 합니다. 엘리야는 그가 하나님의 심판을 받는다고 선언합니다. 이 사건은 이스라엘이 얼마나 철저하게 영적 어두움에 빠져 있는지를 잘 보여 줍니다. 한편, 하나님은 엘리야의 사명을 엘리사가 대신하기를 원하십니다. 엘리야는 엘리사가 보는 앞에서 회오리 바람으로 하늘로 올라가고, 엘리사가 그 사명을 이어서 맡습니다. 시대는 여전히 혼란했으며, 주변국과의 전쟁은 그치지 않았고, 하나님의 말씀은 이스라엘에서 점점 희미해져 갑니다. 이런 상황에서 성경은 엘리사와 그 주변 사람들에 집중합니다. 엘리사가 행한 여러 사역은 예수님이 신약성경에서 보여 주신 일들과 흡사한 면이 많습니다.

8일차 이들이 언약 백성일까

기본 읽기 열왕기하 5-8장
핵심 읽기 열왕기하 8장

열왕기하에 등장하는 북왕국은 더는 언약 백성의 모습이 아니었고, 하나님 백성다운 모습도 전혀 보이지 못합니다. 오히려 이스라엘 공동체가 정죄 대상으로 여겼던 이들을 하나님이 사용하십니다. 아람의 군대장관 나아만이 피부병을 고치는 사건과 사마리아의 포위를 풀어 버린 굶주린 나병 환자 이야기가 상당히 많은 지면을 차지합니다. 이스라엘 민족에게서 소외된 이방인이 오히려 하나님 말씀에 순종하는 모습은 하나님을 신뢰하지 않는 이스라엘 왕과 신하들의 모습과 대조됩니다. 하나님은 이스라엘에게 하나님 말씀에 순종하라고 끊임없이 요구하시지만, 이스라엘은 하나님의 부르심에 별다른 반응을 보이지 않습니다. 이들을 언약 백성이라고 부를 수 있을까요?

9일차 불순종에는 심판으로, 순종에는 은혜로

기본 읽기 열왕기하 9-12장
핵심 읽기 열왕기하 11장

열왕기에는 '열왕기'(여러 왕에 대한 기록)라는 이름에 걸맞게 남북왕국의 여러 왕에 대한 기록이 나옵니다. 본문에는 아람 왕 벤하닷과 하사엘, 여호람, 아하시야, 예후, 요람, 아달랴, 요아스 등이 등장합니다. 그 중에 아람의 벤하닷과 북왕국의 요람 등은 비참하게 살해당하는데, 특히 요람은 그의 모후 이세벨과 함께 예후에게 비참하게 살해당합니다. 이는 하나님이 엘리사에게 명하신 예언의 성취였습니다. 역사적으로는 나라를 부강하게 만드는 데 크게 일조한 아합 왕가이지만, 하나님의 언약을 지키지 않은 부강함은 한낱 모래알 같아서 오래가지 않아 사라지는 법입니다. 하나님이 직접 세우신 다윗 왕가를 무너뜨리려 한 아달랴 여왕 역시 심판을 받고 사라집니다. 하나님의 언약을 지키려 하는 남왕국에는 일시적인 은혜가 임하고 나라도 평안을 누립니다.

10일차 멸망을 향해 달려가는 북왕국

기본 읽기 열왕기하 13-16장
핵심 읽기 열왕기하 13장

본문에는 여호아하스, 요아스, 아마샤, 여로보암 2세, 아사랴, 스가랴, 살룸, 므나헴, 브가히야, 베가, 요담, 아하스, 이렇게 모두 12명의 왕이 등장합니다. 이중 남왕국의 왕은 아마샤와 아사랴, 요담, 아하스 4명이며, 나머지는 모두 북왕국의 왕입니다. 이들은 나라를 부흥시키기도 하고, 당시 떠오르는 강국 앗수르를 막아 내기도 합니다. 그러나 하나님의 언약을 지키는 일에는 전혀 관심이 없었고, 우상을 섬기는 데만 열심이었습니다. 설상가상으로 엘리사마저 죽으면서 이스라엘에는 하나님의 말씀을 제대로 선포하는 사람이 없었고, 국제 정세는 두 나라를 더욱 위태롭게 만듭니다. 하나님이 말씀하신 심판이 목전에 이릅니다.

11일차 북왕국에 이어 남왕국까지

기본 읽기 열왕기하 17-20장
핵심 읽기 열왕기하 19장

하나님을 섬기지 않고 언약을 깨뜨린 북왕국은 앗수르의 침략으로 무너집니다. 열왕기는 북왕국이 하나님과의 언약을 저버렸기 때문에 멸망했다고 명확히 합니다. 남왕국 유다는 히스기야 왕의 개혁으로 다시 하나님을 찾고 예배를 회복하지만, 역시나 앗수르의 침략으로 풍전등화의 처지에 놓입니다. 대놓고 하나님을 무시하며 유다의 멸망을 호언장담하는 앗수르의 왕 산헤립 앞에서 남왕국 역시 북왕국처럼 무너지고 언약 백성은 곧 사라질 것만 같습니다. 그러나 남왕국은 북왕국과는 조금 다른 모습을 보입니다. 위태로운 상황에서 히스기야 왕이 하나님께 무릎을 꿇었고, 하나님은 유다를 구원하십니다. 그러나 한 차례 위기를 넘긴 히스기야는 바벨론에서 온 사신들에게 자신의 부를 과시하는 실수를 저지릅니다. 결국 이사야는 하나님이 남왕국의 심판과 멸망을 선언하셨다고 전합니다.

12일차 멸망하는 유다 왕국

기본 읽기 열왕기하 21-25장
핵심 읽기 열왕기하 25장

요시야라는 위대한 왕의 등장으로 유다 왕국의 멸망은 멈출 것만 같습니다. 실제로 요시야는 율법에 기록된 대로 우상을 몰아내고, 신실하다고 평가받았던 그 어떤 왕도 하지 못한 산당 파괴까지 진행하며 온 유다를 하나님께로 돌이키는 대개혁을 실시합니다. 그러나 안타깝게도 거기까지였습니다. 요시야가 전쟁 중에 죽자, 유다는 다시 멸망으로 치닫기 시작합니다. 마지막 왕인 시드기야 때에 예루살렘은 함락되고, 백성은 바벨론으로 끌려갑니다. 그러나 열왕기는 포로로 끌려간 왕 여호야긴을 바벨론 왕이 석방하여 선대하는 이야기로 마무리하며 하나님의 긍휼이 끊기지 않았음을 암시합니다. 하나님은 여전히 언약 백성에게 긍휼을 베풀고 계셨습니다.

성
경
노
트

2부

성/경/수/업

번영에서
패망으로

여호와를 찬송할지로다
그가 말씀하신 대로
그의 백성 이스라엘에게 태평을 주셨으니
그 종 모세를 통하여 무릇 말씀하신
그 모든 좋은 약속이
하나도 이루어지지 아니함이 없도다

열왕기상 8장 56절

Lesson 1 율법과 지혜

열왕기의 메시지

열왕기는 표준화된 문학적 방식을 따라 각 왕을 소개하는데 그중 가장 중요한 점은 그들의 종교 정책에 대한 신학적 평가입니다. 모든 왕은 다윗을 기준으로 선한 왕 또는 악한 왕으로 평가되고, 배교한 왕들은 르호보암의 길 또는 이스라엘 왕들의 길을 따랐다고 평가됩니다. 그중에서도 최악은 "므낫세의 행함 같이"(역대하 33:22)라는 표현인데, 이는 그가 시내 산 언약을 무시하고 완전히 시내 산 언약 바깥에서 살았기 때문입니다. 이런 죄악 때문에 하나님은 결국 그의 백성을 포로로 잡혀가도록 허락하십니다.

열왕기는 연로한 다윗이 솔로몬에게 왕위를 물려주는 이야기로 시작합니다. 먼저 다윗은 솔로몬에게 여호와의 명령을 지키라고 말합니다. 모세의 율법에 기록된 대로 하나님의 계명을 지키면 하나님이 다윗과 하신 언약을 확실히 이루실 것이라고 당부합니다. 율법을 지켜야 한다는 것은 이스라엘의 왕과 주변 국가들의 왕을 확연하게 구분 짓는 중요한 요인이었습니다. 주변 국가 왕들과 달리 이스라엘의 왕은 토라의 선포자나 창시자가 아니라, 왕 자신도 토라의 권위 아래 있는 존재로서 그 규례에 순종해야 했기 때문입니다.

솔로몬의 지혜는 백성을 번영 가운데 살게 하고 여호와의 성전을 짓게 하는 축복이었으나, 그 지혜 안에는 왕좌에 위협이 되는 인물을 제거하고 정략결혼을 통해 주변국과 동맹을 맺고 왕의 권력과 개인적 부를 축적하게 만드는 어두운 면도 있었습니다.

또한 다윗은 솔로몬에게 지혜의 사람이 되라고 조언합니다. 여기서 다윗이 말한 지혜는 순수한 하나님의 지혜가 아니라, 국가의 장래를 위해 정치적 위험 요소인 두 사람은 처치하고 왕에게 충성한 한 사람에게는 은총을 베풀라는 식의 정치적 지혜였습니다. 솔로몬의 지혜는 백성을 번영 가운데 살게 하고 여호와의 성전을 짓게 하는 축복이었으나, 그 지혜 안에는 왕좌에 위협이 되는 인물을 제거하고 정략결혼을 통해 주변국과 동맹을 맺고 왕의 권력과 개인적 부를 축적하게 만드는 어두운 면도 있었습니다. 결국 그는 이방 신들을 섬기고 이방 공주들과 결혼하는 세상의 지혜를 따라 하나님의 율법에 어긋나는 길로 가면서, 앞으로 열왕기 전체에서 반복될 원형을 미리 보여 줍니다.

하지만 그렇다고 다윗에게 주신 언약이 끝나는 것은 아닙니다. 그들이 심판받기는 하지만 그 심판은 자비를 동반하는 심판이었습니다. 다윗 왕가에서 왕국은 찢겨 나가지만 사울의 경우와는 달리 완전히 버림받지는 않습니다. 유다 지파는 계속 존재하는데, 이는 유다 지파가 다른 지파보다 더 낫다거나 솔로몬이 생각보다 덜 악한 왕이어서가 아니었습니다. 여호와가 다윗과 예루살렘을 택하셨고, 또한 여호와는 무슨 일이 있어도 약속을 지키시는 분이기 때문입니다. 사람은 신실하지 않아도 하나님은 신실하시기 때문입니다.

Lesson 2 무엇이 더 중요한가

솔로몬의 성전 건축

솔로몬 이야기의 중심은 성전 건축인데 이는 바른 장소에서 예배를 드린다는 주제가 열왕기 저자에게 중요하기 때문입니다. 열왕기는 하나님 임재의 상징이었던 성막이 드디어 성전으로 대체될 필요성과 정당성을 보여 줍니다. 성막과 성전은 둘 다 하나님이 그 백성 가운데 왕으로 거하시며 안식을 취하시는 장소로서 의미가 있습니다. 출애굽 시대부터 다윗 시대까지는 백성이 안식을 누리지 못해서 성막이라는 이동식 성소가 하나님의 거처였습니다. 하지만 이제는 하나님이 그 백성에게 안식을 주셨으므로 하나님의 영구적인 안식처가 될 성소를 지을 수 있게 되었습니다.

우리는 열왕기를 읽으며 솔로몬 성전의 크기와 화려함에 놀라게 됩니다. 성막의 두 배 크기에 달하는 솔로몬의 성전은 돌과 백향목으로 지어졌고, 외벽에는 그룹과 종려나무와 과실들이 새겨졌고, 모든 것에 금이 입혀졌습니다. 특히 내소는 정금을 입혔는데 건축을 마치기까지 7년이나 걸립니다. 이처럼 화려한 성전에서 하나님께 아름다운 예배를 드리는 모습을 상상하면, 아마도 이때가 이스라엘 역사에서 가장 영광스러운 시기였다는 생각이 들 정도입니다. 하지만 정말 그럴까요? 열왕기 저자는 성전의 중요성을 강조하면서 이렇게 말합니다.

> 네가 지금 이 성전을 건축하니 네가 만일…내 모든 계명을 지켜 그대로 행하면 내가 네 아버지 다윗에게 한 말을 네게 확실히 이룰 것이요 내가 또한 이스라엘 자손 가운데에 거하며 내 백성 이스라엘을 버리지 아니하리라(열왕기상 6:12-13)

즉 성전은 그 장엄함 자체로 하나님의 축복을 보장하지 않으며, 왕이 하나님의 율법에 순종해야 하나님의 복이 왕의 백성에게 머문다는 뜻입니다.

열왕기 저자는 성전을 짓는 데는 7년이 걸렸지만 솔로몬 자신의 집을 짓는 데는 13년이 걸렸다고 언급합니다. 하나님 성전은 솔로몬 왕궁에 비해 턱없이 작았는데, 성전을 왕의 부속 예배당 정도로 생각하려는 유혹이 이미 솔로몬 당시에 발아하고 있었음을 암시합니다. 실제로 이스라엘의 왕이 진정한 왕이신 하나님께 종속되는 대신에 왕의 통제 아래 성전을 두려는 이러한 모습은 왕정 시기 내내 근본적인 문제가 됩니다. 결국 솔로몬의 문제는 마음의 문제였습니다(열왕기상 11:9). 정략결혼으로 얻은 아내들을 통해 솔로몬의 마음이 점차 다른 신들을 향하면서 언약의 어두운 측면인 심판이라는 주제가 서서히 고개를 들기 시작합니다.

솔로몬의 뒤를 이은 르호보암과 여로보암 이야기에서 강조하는 주제가 바로 이것입니다. 솔로몬의 아들 르호보암이 중한 노역으로 백성을 혹사하는 포학한 정치를 펼치려 하자, 이스라엘의 열 지파는 이전에 다윗과 한 약속을 저버리고 여로보암을 그들의 왕으로 세웁니다. 오직 유다 지파만 르호보암을 따르는데, 이는 솔로몬이 하나님을 저버리고 이방 신들을 좇을 때 하나님이 하신 경고가 이루어진 것입니다. 이제 이스라엘 왕국은 북이스라엘과 남유다로 나뉘게 됩니다. 한편, 여로보암은 처음에는 백성의 행복을 위하는 듯 보였으나 결국 그들을 점점 더 깊은 배도의 길로 끌고 갑니다. 그리고 이러한 악한 행보는 향후 이스라엘 역사에서 점점 더 심각하게 나타납니다.

Lesson 3 살아서 움직이는 하나님의 말씀

엘리야와 엘리사

이스라엘과 유다 왕들은 백성을 하나님에게서 멀어지게 합니다. 하나님은 이처럼 배교한 왕들에게 선지자들을 보내시는데, 열왕기 저자의 주 관심사는 이들의 말이 곧 하나님의 말씀이라는 것과 그들을 통해 선포되는 하나님의 말씀은 반드시 성취된다는 것입니다. 이런 면에서 가장 대표적인 두 선지자는 엘리야와 엘리사입니다. 당시 이스라엘의 아합 왕은 왕국의 세력을 확장하고자 솔로몬처럼 주변 국가들과 동맹을 맺고 시돈 사람의 왕 엣바알의 딸 이세벨과 결혼하여 왕국의 배교에 결정적 역할을 합니다. 바알과 아세라 숭배가 국가의 공적 종교가 되고 여호와 숭배는 거의 사라져 버린 바로 그 상황에서 엘리야와 그 후계자 엘리사는 하나님의 뜻을 위해 강력하게 쓰임받습니다. 이들은 모세와 여호수아처럼 주인과 종, 스승과 제자로 긴밀하게 연결됩니다. 엘리야는 모세처럼 시내 산에서 하나님을 만나고 엘리사는 여호수아처럼 요단을 건너고 축복과 저주를 내립니다.

여기서 깊이 살펴볼 중요한 장면이 하나 있는데, 이는 여리고의 나쁜 물에 축복이 임하고 벧엘의 젊은이들에게 저주가 임한 사건입니다. 서로 연

벧엘의 아이들이 엘리사에게 "대머리여 올라가라"라고 조롱했을 때, 그 조롱은 단순한 무례함이 아니라 언약의 사자를 멸시하는 **의도적 경멸**의 표현이었습니다. 율법을 경시하는 이들에게 하나님이 들짐승을 보내셔서 그들의 자녀를 움킬 것이라고 했던 **언약의 저주**가 성취됩니다.

결되는 이 두 이야기는 구원과 심판을 모두 보여 줍니다. 사람들에게 축복과 저주가 임한 것은 그들이 살고 있던 장소 때문이 아니라 하나님 말씀에 대한 태도와 그 말씀의 대리자인 선지자 엘리사에 대한 태도, 그리고 언약과의 관계 때문이었습니다. 우선, 여리고는 여호수아가 여리고 성 전투 후에 무너진 성을 다시 쌓는 사람은 저주를 받을 것이라고 선포했던 곳입니다(여호수아 6:26). 이후 아합 왕 시대에 벧엘 사람 히엘이 여리고를 다시 건축하는데, 여호수아를 통한 말씀대로 그는 맏아들과 막내아들을 잃습니다(열왕기상 16:34). 따라서 여리고는 엘리사가 그냥 지나가 버릴 수 있는 곳이었습니다. 그러나 여리고 주민들이 엘리사를 존중하는 마음으로 대하자 그들은 자격 없는 복을 받게 됩니다. 하나님의 은혜로운 말씀이 여리고의 샘을 고쳐 이전의 나쁜 물 대신 생명수가 흘러넘치게 됩니다. 마치 이스라엘이 광야에서 마라의 쓴 물을 마실 수 없었을 때 모세가 나무를 던지자 단물이 되었던 것처럼 말이죠.

반면에 벧엘은 문자적으로는 '하나님의 집'이라는 뜻으로 아브라함이 하나님을 위한 제단을 가장 먼저 쌓은 곳이었지만, 여로보암이 금송아지를 세운 이후부터는 우상숭배의 집이 되어 버린 장소였습니다. 그 후 그곳에는 하나님의 말씀을 무시하는 자손이 등장했고 그들은 언약의 저주 아래 놓입니다. 벧엘의 아이들이 엘리사에게 "대머리여 올라가라"(열왕기하 2:23)라고 조롱했을 때, 그 조롱은 단순한 무례함이 아니라 언약의 사자를 멸시하는 의도적 경멸의 표현이었습니다. 이때 율법을 경시하는 이들에게 하나님이 들짐승을 보내셔서 그들의 자녀를 움킬 것이라고 했던 언약의 저주가 성취됩니다(레위기 26:22). 엘리사는 자신의 이름—사밧("그가 심판하신다")의 아들 엘리사("하나님이 구원하신다")—에 합당한 행동, 곧 구원과 심판을 모두 보여 주는 인물입니다. 하나님의 선지자이자 언약의 사자로서 그를 대하는 것이 곧 그를 보내신 분을 대하는 것과 같았던 것입니다. 우리는 곧 엘리야와 엘리사가 예표적으로 가리키는 그분을 만나게 됩니다.

북이스라엘과 남유다의 패망

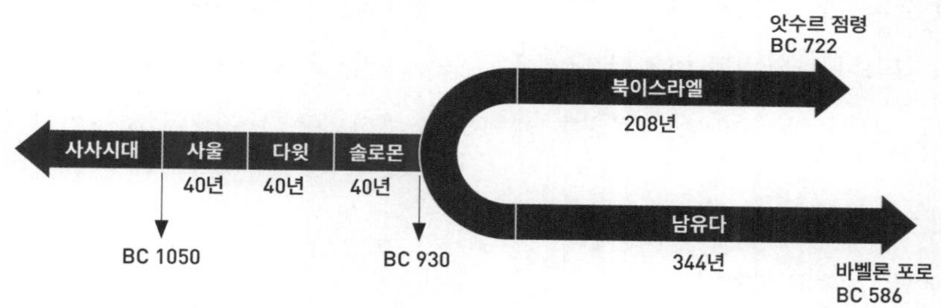

북왕국 이스라엘은 오랜 쇠퇴와 앗수르의 위협적 부상으로 앗수르 왕 사르곤 2세에 의해 멸망합니다. 열왕기하 15장에서 살룸이 스가랴를 암살한 후 이스라엘은 30년 격동기에 빠져들면서 그 후 이스라엘에는 왕위에 오른 다섯 왕 중 단 한 명도 합법적으로 왕위에 오른 자가 없었습니다. 그러는 동안 그 지역에 군사적 영향력을 확장해 가는 앗수르는 세 단계에 걸쳐 한 지역을 점령해 갑니다. 첫 단계는 침략하려는 나라로부터 조공을 받아 그 나라를 봉신국으로 만들고, 둘째는 지배 국가의 왕을 폐위하고 자신들이 원하는 왕을 세워 마음대로 조종한 다음, 셋째로 피정복민들을 타지로 이주시켰습니다. 북왕국은 기원전 722년에 이 마지막 단계를 경험하게 됩니다.

종교적·정치적 관점에서 볼 때 남왕국이 자발적으로 앗수르의 봉신국이 된 것은 남왕국 유다에 비참한 결과를 가져다줍니다. 우선, 그 결정은 유다 왕국이 앗수르를 여호와보다 더 의지한다는 의미였고, 나아가 자연스럽게 유다를 다음 정복 대상으로 만드는 결과를 낳습니다. 남왕국의 전체 역사는 북왕국에 비하면 약간 나은 모습을 보입니다. 적어도 지속적 배교의 역사는 아니었고, 북왕국에 비해 선지자들의 목소리를 대체적으로 더 잘 수용했으며, 몇몇 선한 왕들도 존재하여 왕정이 율법 아래 있도록 했으니까요. 그러나 남왕국 역시 크게 다를 바는 없었습니다.

그나마 열왕기의 마지막 단계에 주목할 만한 훌륭한 두 왕이 등장하는데, 그들은 이스라엘의 예배를 개혁하고 하나님을 신뢰했던 히스기야와

● 이스라엘과 유다의 왕들

연대	BC 900	BC 800	BC 700	BC 600	BC 500
이스라엘	여로보암 나답 바아사	엘라 시므리 오므리 아합 아하시야 요람 예후 여호아하스	여호아스 여로보암 2세 스가랴 살룸 므나헴 브가히야 베가 호세아		
유다	르호보암 아비야 아사	여호사밧 여호람 아하시야 아달랴 요아스	아마샤 아사랴(웃시야) 요담 아하스 히스기야	므낫세 아몬 요시야 여호아하스 여호야김	여호야긴 시드기야

요시야입니다. 당시 왕위에 새롭게 오른 앗수르의 산헤립은 이스라엘에 쳐들어와 성읍들을 파괴하면서 예루살렘 성까지 위협합니다. 여기서 하나님과 산헤립이 직접 무대에 나타나지는 않지만, 앗수르의 고위 관직자 랍사게가 산헤립을 대표하고 선지자 이사야가 여호와를 대표해서 등장합니다. 이미 앗수르는 유다보다 강한 다른 나라들과의 전쟁에서 줄줄이 승리한 뒤였기에 랍사게는 예루살렘을 공포에 빠뜨리려는 목적으로 대군을 거느리고 와서 위협하며 여호와는 그 백성을 보호할 능력과 의지가 없다고 천명합니다. 하지만 그의 망언은 하나님에 대한 지나친 도전이었습니다. 이런 도전이 편지로 전달되자 히스기야는 성전에서 그 편지를 여호와 앞에 펼쳐놓고 믿음으로 반응하였고, 여호와는 선지자 이사야를 통해 그에게 답을 주십니다. 그리고 그날 밤에 하나님이 말씀하신 그대로 산헤립의 군사 십팔만 오천 명이 모두 죽습니다. 어떤 신도 너희를 구원할 수 없다고 큰소리치던 랍사게의 왕, 산헤립은 자신이 섬기던 신의 신전에서 죽임을 당합니다.

하지만 히스기야와 요시야 같은 선한 왕들조차도 그 백성에 임하는 하나님의 진노를 막을 수는 없었습니다. 그 땅이 너무도 더럽혀졌기 때문에 그들의 멸망은 필연적이었고, 유다 왕국은 그 오랜 죄악의 역사로 말미암아 기원전 586년에 신흥 대국이었던 바벨론 왕 느부갓네살의 손에 예루살렘이 함락되면서 치욕의 유배기를 맞이합니다. 모든 것이 끝난 것 같은 유배기가 시작된 것이죠. 그런데 열왕기하 마지막 장은 여호야긴 왕이 포로로 잡혀간 중에 바벨론 왕의 식탁에 함께 앉은 모습을 조용히 보여 줍니다. 다윗 왕가의 미래가 달린 긍정적인 한 가닥 실오라기처럼요.

Lesson 5 이것이 전부인가

하나님 언약의 소망

열왕기는 한마디로 여호와 하나님에 관한 책입니다. 자연을 주관하시는 하나님은 비를 내리기도 하시고 하늘을 닫기도 하시고, 역사를 주관하시는 하나님은 선지자들을 통해 자신의 계획을 미리 알려 주실 수도 있습니다. 하나님만이 유일한 참 하나님이시기 때문에 오직 그분만을 경배하되 반드시 올바른 방식으로 경배해야 하며, 하나님은 다른 국가들이 숭배하는 신의 형태로 우상화되실 수 없습니다. 또한 하나님은 악을 심판하시는 분이므로 열왕기에서 악행자들은 누구든지 비극적 결과를 맞습니다. 동시에 죄와 벌의 관계는 무척 복잡해서 죄의 크기와 벌이 가해지는 빈도와 강도 사이의 명확한 상관관계를 찾기는 어렵습니다. 출애굽기에서 계시하셨듯이 하나님은 자비롭고 은혜로우신 분이므로 심판은 종종 연기되기도 하지만, 때로는 그 죄가 쌓여 한계치에 이르는 순간 개인뿐 아니라 국가 전체가 심판의 대상이 되기도 합니다. 심지어는 무고해 보이는 이들까지 죄인들과 함께 심판받기도 합니다.

또한 열왕기의 중심에는 하나님이 다윗에게 주신 영원한 집에 대한 언약이 있습니다. 하지만 이 언약에는 조건적 측면과 무조건적 측면 사이의 긴장이 흐릅니다. 다윗에게 주신 영원한 왕가에 대한 언약은 무조건적이어서 어떤 범죄도 그 언약을 무효화하지 못하는가? 아니면 조건적 언약이어서 다윗의 후손은 그의 길을 따를 때만 영원토록 설 수 있는가? 궁극적으로 하나님의 언약이 인간의 죄를 덮는가? 아니면 죄가 언약을 파기하게 하는가? 이미 주님의 부활 이후를 살아가는 우리는 이 문제에 쉽게 답을 내릴지 모르지만, 열왕기는 유배기라는 암흑기에 쓰였기에 당시 사람들은 "이것이 정말 전부인가?"라는 질문을 던졌습니다. 수 세기 후 부활절 바로 전날 예수님의 제자들이 던졌던 질문과 비슷합니다. "이것이 정말 전부인가?"

이런 관점에서 열왕기는 '구약성경의 엠마오로 가는 길'이라 부를 수 있습니다. 이스라엘과 유다의 역사를 따라 함께 걷는 동안 그들의 죄악과 회개하지 않는 모습에 우리 마음이 뜨거워져야 합니다. 하나님께 더 이상 선택하실 여지가 없었다는 것을, 은혜롭고 자비롭고 오래 참으시는 하나님이 그 사랑하는 백성을 포로로 보내실 수밖에 없었다는 것을 볼 수 있어야 합니다. 그러면 남은 희망이 있을까요? 열왕기 저자는 그렇다고 말합니다. 여호야긴이 여전히 살아서 바벨론 왕이 베푸는 호의를 누리고 있습니다. 손바닥만한 작은 구름이지만 하나님이 우리를 잊지 않으셨다는 분명한 증거입니다. 이는 하나님이 다윗 왕가에 대한 약속을 잊지 않으셨고 미래의 소망이 분명히 있다는 것을 의미합니다. 이 은혜는 폭풍우 속 무지개처럼 빛나며, 언약 파기자를 심판하시면서 동시에 불성실한 백성에게 약속을 지키시는 하나님의 신실하심을 우리에게 증언해 줍니다.

READING JESUS

리딩지저스

: 그리스도 중심으로 읽는 열왕기상·하

열왕기의 두 대표 선지자인 엘리야와 엘리사는 앞으로 다가올 신약성경의 그림자입니다. 우선 엘리야는 선지자의 대표자로 변화 산에서 율법의 대표자인 모세와 함께 등장합니다. 시내 산에서 구름 가운데 하나님을 만났던 두 사람은 변화 산에서 자신들이 대표하는 구약성경의 성취자이신 예수님을 만납니다. 모세와 엘리야가 가리켰던 대상의 실체는 바로 예수님이십니다.

물론 신약성경에서 엘리야와 더 직접적으로 연관될 사람은 세례 요한입니다. 엘리야의 역할은 다른 이의 길을 준비하는 것이었습니다. 그래서 세례 요한은 예수님보다 먼저 와서 엘리야를 연상시키는 복장인 털옷을 입고 가죽 허리띠를 띱니다. 세례 요한을 통해 엘리야의 역할이 성취되었다면, 예수님의 오심을 통해 엘리사의 역할이 성취됩니다(누가복음 4:27). 엘리사가 나아만을 고쳐 준 것처럼 예수님은 나병환자를 고쳐 주시고, 엘리사가 여리고의 나쁜 물을 좋은 물로 바꾼 것처럼 예수님은 물을 변화시켜 더 좋은 것으로 만드십니다. 예수님은 죽은 자를 살리기도 하시고 적은 양식으로 많은 사람을 먹이기도 하십니다. 예수님은 엘리사처럼 구원을 주시기 위해 오셨습니다. 우리는 이제 엘리야와 엘리사가 그림자로 예표했던 바로 그 예수님의 은혜 안에서 살고 있습니다.

3부 성/경/나/눔

열왕기상·하

한눈에 보기

열왕기는 사무엘서와 여러 면에서 대조됩니다. 사무엘서가 혼란에 빠졌던 사사 시대 말기에 시작되어 다윗 왕의 통치 이야기로 끝난다면, 열왕기는 지혜의 왕 솔로몬의 통치로 시작해서 왕을 잃은 백성이 포로로 끌려가는 이야기로 끝납니다. 열왕기에서 왕국은 분열되고 북왕국 이스라엘은 앗수르에게, 남왕국 유다는 바벨론에게 무너집니다.

우리는 열왕기 저자의 주된 관심을 네 가지로 살펴볼 수 있습니다. 첫째는 그들의 종교 정책과 그 결과에 대한 저자의 신학적 평가입니다. 저자는 하나님께 충성했던 다윗을 평가 기준으로 삼아서 열왕들이 선한 왕이었는지 악한 왕이었는지를 알려 줍니다. 북왕국의 모든 왕은 악한 왕이었고 남왕국에는 조금 나은 왕이 있기도 했으나 그들조차 하나님의 진노를 막을 수는 없었습니다. 그 땅이 너무도 더럽혀졌기 때문에 여호와는 더 이상 그 백성 가운데 머무실 수 없었습니다.

둘째로 열왕기 저자는 성전 건축 이야기에 많은 주의를 기울이는데 이는 바른 장소에서 바른 예배를 드린다는 주제가 저자에게 중요했기 때문입니다. 열왕기를 읽으며 우리는 솔로몬 성전의 크기와 화려함에 놀라지만, 열왕기 저자는 그 성전 자체가 하나님의 축복을 보장해 주지는 않는다고 말합니다. 오직 왕과 백성이 율법에 순종할 때만 하나님의 복이 머물 것입니다.

세 번째 초점은 하나님의 선지자들인데 이들의 말은 곧 하나님의 말씀이고 하나님은 그들을 통해 하신 말씀을 반드시 성취하신다는 것입니다. 그중 가장 중요한 역할을 한 두 선지자 엘리야와 엘리사는 여호와 숭배가 사라질 위기 상황에서 하나님 뜻을 위하여 강력하게 쓰임받습니다. 무엇보다도 그 둘은 오실 메시아를 예표하는 그림자 역할을 합니다.

끝으로, 열왕기는 여호와 하나님에 관한 책입니다. 자연을 주관하시는 하나님, 역사를 주관하시는 하나님, 유일하신 참 하나님에 대하여 가르쳐 줍니다. 따라서 열왕기는 우리가 오직 그분만을, 그리고 반드시 올바른 방식으로 경배해야 한다고 가르쳐 줍니다. 또한 하나님은 악행하는 이들을 심판하시는 분이므로 악행자들은 누구든 상관없이 그 대가를 치른다는 것도 일깨워 줍니다.

열왕기의 중심에는 하나님이 다윗에게 주신 영원한 집에 대한 언약이 있습니다. 은혜롭고 자비롭고 오래 참으시는 하나님은 사랑하는 백성을 포로로 보내실 수밖에 없었지만, 열왕기 저자는 희망을 선포합니다. 여호야긴이 여전히 살아서 바벨론 왕이 베푸는 호의를 누리고 있는 작은 모습에서 하나님이 우리를 잊지 않으셨다고 증언합니다. 이는 하나님이 다윗 왕가에 대한 약속을 잊지 않으셨으며 미래의 소망이 분명히 있음을 의미합니다. 무엇보다도 열왕기는 이 모든 왕의 실패를 통해서 우리에게 완전한 왕으로 오실 예수 그리스도를 바라보게 합니다.

성경수업 돌아보기

❶ 사무엘상·하와 열왕기상·하는 어떤 차이가 있을까요? (열왕기상·하에 들어가며)

사무엘상·하
- (   )의 출생부터 (   )의 말년까지
- 실로의 (   )가 쇠퇴하고 붕괴되는 이야기에서 예루살렘에 (   ) 건축이 준비되는 이야기

열왕기상·하
- (   )의 말년부터 (   )명의 왕에 이르는 긴 기간
- (   )이 건축되는 이야기부터 (   )의 쇠퇴와 붕괴 이야기

❷ 열왕기는 표준화된 문학적 방식을 따라 각 왕을 평가합니다. 특히 왕의 종교 정책에 대한 신학적 평가가 가장 중요했습니다. 다음 빈칸을 채워 보세요. (성경수업 Lesson1)

○○○ 왕은 (   ) 보시기에 정직하게 행하여(또는 악을 행하여) (   )의 길로 행하였더라(또는 행하지 아니하였더라)

❸ 솔로몬 이야기의 중심은 (   )인데, 이는 바른 장소에서 (   )를 드린다는 주제가 열왕기서 저자에게 중요했기 때문입니다. 그러나 (   )은 그 장엄함 자체로 하나님의 복을 보장하지 않으며, 왕이 하나

님의 (   )에 순종해야 하나님의 복이 왕의 백성에게 머물 것입니다.
(성경수업 Lesson2)

❹ 하나님은 배교한 왕들에게 (   )를 보내셨습니다. 이들의 말이 곧 (   )의 말씀이고, 그들을 통해 선포되는 하나님의 (   )은 반드시 성취되었습니다. (성경수업 Lesson3)

❺ 열왕기의 마지막 단계에서 주목할 만한 훌륭한 두 왕은 이스라엘의 예배를 개혁하고 하나님을 신뢰했던 (   )와 (   )입니다.
(성경수업 Lesson4)

❻ 희망이 없어 보이는 열왕기의 마지막 부분에서 저자는 희망이 있다고 말합니다. (   )이 여전히 살아서 바벨론 왕이 베푸는 호의를 누리고 있습니다. 손바닥만한 작은 구름이지만 하나님이 우리를 잊지 않으셨다는 분명한 증거입니다. (성경수업 Lesson5)

정답

1. 사무엘, 다윗, 성소, 성전, 다윗, 열여덟, 성전, 성전 2. 여호와, 다윗 3. 성전 건축, 예배, 성전, 율법 4. 선지자, 하나님, 말씀 5. 히스기야, 요시야 6. 여호야긴

나눔 질문

❶ 벧엘 아이들을 통해 보았듯이, 하나님의 말씀에 익숙한 것과 그 말씀을 존중하는 것은 별개입니다. 나는 하나님의 말씀을 존중하며 따르기 위해서 노력하는 삶을 살고 있나요?

❷ 자기 백성에게 은혜를 베푸시는 하나님의 신실하심과 은혜를 삶에서 경험한 적이 있나요?

❸ 하나님은 우리의 연약함에도 불구하고 우리를 끝까지 붙드신다는 사실을 기억합시다. 이 사실을 기억하며 살기 위해서 한 주간 내가 실천할 수 있는 것들을 나누어 봅시다.

기도로 함께

소망하며

❶ 성경 말씀에 기초해, 찬양과 감사의 기도를 드립니다.

이르되 이스라엘의 하나님 여호와여
위로 하늘과 아래로 땅에 주와 같은 신이 없나이다 주께서는 온 마음으로
주의 앞에서 행하는 종들에게 언약을 지키시고 은혜를 베푸시나이다
열왕기상 8:23

❷ 일상의 변화를 소망하며, 회개와 결단의 기도를 드립니다.

❸ 서로를 위해, 또 교회를 위해 기도합니다.

하나님을 향한 찬양

시편 89편 1-8절

내가 여호와의 인자하심을 영원히 노래하며
주의 성실하심을 내 입으로 대대에 알게 하리이다
내가 말하기를 인자하심을 영원히 세우시며
주의 성실하심을 하늘에서 견고히 하시리라 하였나이다
주께서 이르시되 나는 내가 택한 자와 언약을 맺으며
내 종 다윗에게 맹세하기를 내가 네 자손을 영원히 견고히 하며
네 왕위를 대대에 세우리라 하셨나이다 (셀라)
여호와여 주의 기이한 일을 하늘이 찬양할 것이요
주의 성실도 거룩한 자들의 모임 가운데에서 찬양하리이다
무릇 구름 위에서 능히 여호와와 비교할 자 누구며
신들 중에서 여호와와 같은 자 누구리이까
하나님은 거룩한 자의 모임 가운데에서 매우 무서워할 이시오며
둘러 있는 모든 자 위에 더욱 두려워할 이시니이다
여호와 만군의 하나님이여
주와 같이 능력 있는 이가 누구리이까
여호와여 주의 성실하심이 주를 둘렀나이다

5

역대상·하

성경읽기 역대상 1-29장

성경수업 하나님의 공의와 자비,
하나님 백성의 소망

성경나눔

Lesson 1 성전 중심으로, 정치가 아니라 신학의 눈으로

Lesson 2 저주를 복으로 바꾸시는 하나님

Lesson 3 하나님이 택하시고, 택하시고, 택하신

Lesson 4 다시 찾아올 회복

Lesson 5 반드시 실행되는 권선징악

역대상·하에 들어가며

역대기는 '파랄레이포메논'(*Παραλειπομένων*), 즉 '생략된 사건들'이라고 불리면서 하찮은 성경처럼 부당하게 취급되어 왔습니다. 고작 사무엘서와 열왕기를 짜깁기한 책에 불과하며, 제사장에 관한 기본 상식과 쓸모없는 족보로 가득 찬 책이라고 말이죠. 하지만 역대기는 의미 있는 신학적 안목을 제시하는 중요한 책입니다.

역대기는 최초 인간 아담으로 시작해서 고레스 왕이 유대인들의 포로생활을 끝내고 고향으로 돌아가도록 하는 이야기로 마무리됩니다. 한 번에 구약 전체를 훑는 셈이죠. 역대기 말씀의 대상인 유배기를 마치고 돌아온 이스라엘에게 한 권의 책으로 하나님이 자신의 백성을 다루시는 역사 전체를 다시 요약해 주고 있는 것입니다.

이번 주에는 역대상 전체를 통독하면서, 성경수업을 통해 포로 시절을 지나 다시 약속의 땅으로 돌아온 회복의 이스라엘 공동체에게 하나님이 주시는 말씀이 무엇인지 살펴보겠습니다.

리딩지저스 영상 안내

리딩지저스 2권 5강: 역대상·하

QR코드를 찍으면 '역대상·하' 리딩지저스 영상으로 바로 연결됩니다. 또는 유튜브에서 '리딩지저스 역대상·하'를 검색하여 시청할 수 있습니다. '성경읽기'와 '성경수업'을 시작하기 전에 리딩지저스 영상을 시청하면 도움이 됩니다.

1부 | 성/경/읽/기

QR코드를 찍으면 **리딩지저스 오디오 바이블**로 연결됩니다. 45주 성경통독 일정에 맞추어 제작된 **오디오 바이블**을 통해 매일의 성경통독 분량을 부담 없이 완독할 수 있습니다. 그리스도 중심 성경읽기 《리딩지저스》와 함께하는 성경통독을 통해 하나님과 동행하는 하루하루가 되기를 소망합니다.

이번 주 성경읽기 스케줄

주일	리딩지저스 영상 시청, 성경수업 읽기			
	기본 읽기		핵심 읽기	
월	대상 1-5장	완독	대상 4장	
화	대상 6-10장		대상 10장	
수	대상 11-15장		대상 15장	
목	대상 16-20장		대상 17장	
금	대상 21-25장		대상 22장	
토	대상 26-29장		대상 29장	

1일차 열방에서 부름받은 이스라엘

기본 읽기 역대상 1-5장
핵심 읽기 역대상 4장

역대기를 펼치면 1장부터 9장까지 등장하는 길고 긴 족보에 고개를 흔들게 됩니다. 이 족보는 성경에 등장하는 어느 족보보다 길뿐더러 수없이 등장하는 낯선 인명으로 성경읽기의 또 다른 걸림돌이 되기도 합니다. 그러나 성경의 모든 내용은 하나님이 필요하다고 여기셔서 포함된 내용입니다.《리딩지저스》2권의 5장 역대기 성경수업을 참조하면, 족보의 중요성을 확인할 수 있습니다. 특히 족보에 낯익은 인물이 등장하면, 그 행적을 성경에서 찾아보는 것도 좋습니다. 하나님이 그에게 어떻게 역사하셨고 나중에 그가 어떤 평가를 받는지 살펴보는 것을 통해 성경읽기가 한층 더 깊어질 것입니다.

2일차 회복된 하나님의 영광

기본 읽기 역대상 6-10장
핵심 읽기 역대상 10장

역대기에 등장하는 긴 족보는 포로로 끌려갔다 돌아온 이스라엘 백성의 계보를 보여 주며 끝이 납니다. 그리고 갑작스레 시대를 거슬러 사울 왕의 죽음을 이야기하며 통일왕국 시대에서부터 서술을 시작합니다. 사무엘상에서는 사울 이야기를 길게 다루지만, 역대상에서는 10장에서 짤막하게 언급합니다. 사울이 여호와께 죄를 범하여 죽임을 당했고, 그 나라를 다윗에게 넘겨주었다고 담담하게 설명합니다. 하나님의 언약을 지킨다면 이스라엘은 다윗 시대처럼 다시 하나님의 영광을 볼 것입니다.

3일차 다윗과 그의 용사들

기본 읽기 역대상 11-15장
핵심 읽기 역대상 15장

역대기는 이제 다윗에게로 눈을 돌립니다. 다윗의 즉위와 함께 그의 용사들 이야기를 길게 이어 갑니다. 이들은 모두 다윗과 함께 이스라엘을 위해 신실하게 쓰임받은 인물들입니다. 이어서 다윗이 하나님의 궤를 얼마나 존중하며 사모했는지가 나옵니다. 그가 왕위에 있을 때는 성전이 지어지지 않았고, 하나님의 궤는 여전히 광야 시대처럼 성막에 거했습니다. 당시 하나님의 궤는 오벧에돔의 집에 있었습니다. 다윗은 하나님의 은혜로 숙적 블레셋과의 전투에서 승리한 다음에, 하나님의 궤를 다윗 성으로 옮기고 백성과 하나님을 섬기며 찬양합니다. 다윗의 행동은 10장에 기록된 사울의 비참하고 초라한 죽음과 대조됩니다. 두 사람의 차이는 하나님께 순종했는지였습니다.

4일차 다윗에게 베푸신 영원한 은혜

기본 읽기 역대상 16-20장
핵심 읽기 역대상 17장

다윗은 하나님의 궤를 옮기던 날에 기쁨에 겨워 하나님께 감격의 찬양을 드렸고, 크게 제사를 지내 하나님을 예배합니다. 다윗은 하나님의 전을 짓고자 했으나, 하나님은 인간이 지은 건축물에 매이는 분이 아니셨습니다. 그러나 다윗의 마음을 받으신 하나님은 다윗의 왕위를 영원히 끊어지지 않게 하겠다고 약속하십니다. 이 놀라운 언약은 훗날 예수 그리스도가 다윗의 후손으로 오시면서 확실하게 성취됩니다. 다윗 왕국은 지역의 강국으로 군림합니다. 성경에서는 다윗의 통치를 "온 이스라엘을 다스려 모든 백성에게 정의와 공의를 행할새"(역대상 18:14)라고 설명합니다. 그가 탁월한 업적을 쌓을 수 있었던 까닭은 하나님의 말씀에 순종했기 때문입니다.

5일차 다윗과 함께 하나님을 섬긴 사람들

기본 읽기 역대상 21-25장
핵심 읽기 역대상 22장

다윗은 자신의 국력을 정확하게 측정하고 싶어서 측근들도 만류한 인구조사를 강행합니다. 선지자 갓이 찾아와 그의 잘못을 지적하자 다윗은 하나님께 엎드려 회개했고, 하나님은 다윗을 용서하십니다. 이후 다윗은 솔로몬이 명령만 내리면 될 정도로 성전 건축 준비를 철저히 한 다음에 솔로몬에게 성전의 완성을 당부합니다. 이어서 역대상은 당시 레위 사람과 성전 봉사자 명단을 자세히 소개합니다. 이들 중에는 시편에 찬송을 남긴 아삽처럼 유명한 사람도 있지만, 이름 정도만 알 수 있는 사람도 많습니다. 우리가 그리스도의 몸 된 교회의 지체가 되어 저마다의 모습으로 섬긴다는 신약성경의 가르침은 이때 이미 실현되고 있었습니다.

6일차 다윗의 말년

기본 읽기 역대상 26-29장
핵심 읽기 역대상 29장

역대상은 이어서 각 지파 지도자와 군장들 이름까지 기록합니다. 이들 중에는 요압처럼 부정적 인물도 있고, 성경에 다른 행적이 나오지 않는 사람도 많습니다. 그러나 하나님은 이 모든 사람을 그분의 영광스러운 사역에 초대하셨습니다. 다윗은 자기 손으로 하나님의 전을 짓지 못하는 것을 못내 아쉬워했으나, 대신 아들 솔로몬에게 하나님의 성전을 지으라는 유언을 남겼고, 성전 건축에 필요한 어마어마한 양의 물자를 마련해 둡니다. 백성도 앞다투어 각종 금은보화를 드렸고, 다윗은 기쁘고 감격하여 하나님께 감사 기도를 올립니다. 다윗 시대에는 다윗뿐만 아니라 수많은 백성이 왕의 뒤를 따라 기쁘게 하나님께 헌신했습니다. 이때야말로 이스라엘은 언약 백성다운 삶을 살았습니다.

2부

성경수업

하나님의
공의와 자비,
하나님 백성의
소망

내 이름으로 일컫는 내 백성이
그들의 악한 길에서 떠나
스스로 낮추고 기도하여
내 얼굴을 찾으면
내가 하늘에서 듣고
그들의 죄를 사하고
그들의 땅을 고칠지라

역대하 7장 14절

Lesson 1 성전 중심으로, 정치가 아니라 신학의 눈으로

역대기의 관점

천 년의 기간을 다루는 역대기는 이스라엘 역사를 기록하는 데 여러 자료를 사용합니다. 그중 가장 두드러지는 자료는 사무엘서와 열왕기입니다. 사복음서가 예수님을 각기 다른 관점에서 각 저자의 특별한 의도를 반영해 기록했듯이, 역대기 또한 사무엘서와 열왕기처럼 왕정 시대를 다루되 이들과 다른 관점에서 이스라엘 역사를 기록합니다. 역대기 저자는 독자가 이미 사무엘서와 열왕기의 내용을 알고 있다고 전제하면서 이 두 책에서 어렴풋이 다룬 것들은 새로운 측면에서 재조명하고, 반대로 자세히 다룬 것들은 어렴풋이 넘어갑니다. 이처럼 역대기는 사무엘서와 열왕기가 기록한 같은 내용을 다른 각도에서 묘사함으로써 상호보완적 관점들을 제공합니다.

그렇다면 역대기의 관점은 무엇일까요? 열왕기의 관심이 리더십 문제와 다윗 왕조의 운명이었다면, 역대기의 관심은 성전입니다. 물론 북이스라엘과 남유다 왕국의 왕들은 여전히 역대기의 주요 인물이지만 그들의 역할과 사건은 이차적일 뿐이고 저자의 관심은 성전에 집중됩니다. 따라서 저자는 사무엘서와 열왕기의 많은 내용을 차지하는 사울 왕조와 다윗 왕조 간의 갈등에는 전혀 관심이 없습니다. 저자가 지대한 관심을 보이는 부분은 다윗의 통치 시대와 특히 성전이 건축된 솔로몬의 통치 시대입니다.

역대기 저자에게 예루살렘 성전의 특별한 위상은 정치적 결과에서 비롯된 것이 아니라 하나님의 작정에서 비롯된 것입니다. 성전의 위치, 누가 지을지에 대한 계획, 언약궤를 성전 안으로 들여오고 마지막 완공 예식에 이르기까지, 성전 건축의 모든 단계는 하나님이 친히 정하셨습니다. 바로 이 점이 솔로몬의 배교에 대해 역대기 저자가 침묵하는 이유입니다. 그것은 저자에게 그리 중요한 문제가 아니었기 때문입니다. 정말 중요한 것은 하나님이 솔로몬을 택하셔서 성전을 건축하게 하시고 그 임무를 완벽하게 완수하도록 인도하셨다는 사실입니다.

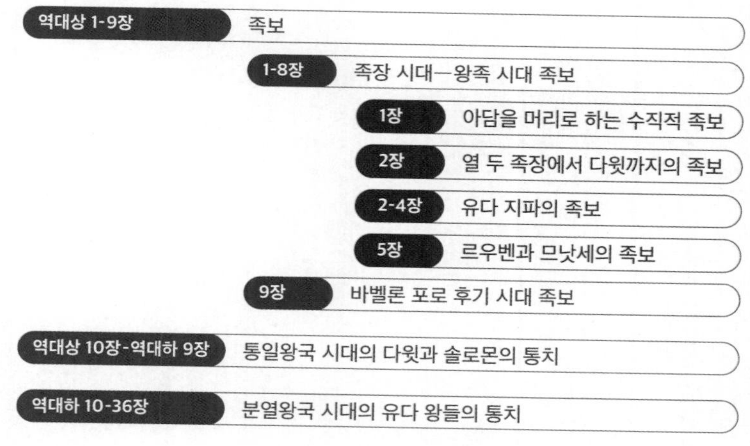

따라서 역대기 저자가 솔로몬과 다윗을 긍정적으로 묘사한 것은 다윗 왕조의 미래에 대한 기대감 때문이 아닙니다. 역대하의 마지막 부분은 열왕기하와 달리 다윗 왕조의 운명에 대해 관심도 없고 다윗 왕조가 바로 회

복하리라고도 전혀 기대하지 않습니다. 역대기 저자는 다윗 왕조의 업적을 근본적으로 정치적 관점보다 신학적 관점에서 봅니다. 즉 역대기 저자는 독자들이 광적으로 헛된 종말론적 소망을 품게 하기보다 그들이 처한 현실에서 하나님이 현재 그들에게 얼마나 은혜를 베풀고 계신지를 보여 주려 합니다. 즉 다윗 왕조가 없어져도 하나님은 여전히 역사 속에서 일하시며, 신실한 자들에게는 복을 주시고, 신실하지 않은 자들은 과거처럼 심판하신다는 것을 보여 주려 합니다.

Lesson 2 저주를 복으로 바꾸시는 하나님

야베스의 기도

설교자들이 역대기를 본문으로 잘 선택하지 않는 가장 큰 이유는 족보 때문일 것입니다. 끝없이 나열되는 이름들로 설교를 하기란 쉽지 않아 보입니다. 그러다 보니 대부분의 설교자들은 족보보다는 족보 사이사이에 나오는 역사적 기록에 주로 집중합니다. 그 좋은 예로 야베스의 기도가 있습니다.

> 야베스는 그의 형제보다 귀중한 자라 그의 어머니가 이름하여 이르되 야베스라 하였으니 이는 내가 수고로이 낳았다 함이었더라 야베스가 이스라엘 하나님께 아뢰어 이르되 주께서 내게 복을 주시려거든 나의 지역을 넓히시고 주의 손으로 나를 도우사 나로 환난을 벗어나 내게 근심이 없게 하옵소서 하였더니 하나님이 그가 구하는 것을 허락하셨더라(역대상 4:9-10)

만일 이 본문을 설교한다면, 족보 전체에 나열된 이름들은 물론이고, 이 기도가 족보라는 맥락에서 기록되었다는 사실은 대부분 무시될 것입니다.

하지만 족보와 관련한 내용은 역대기 저자의 관점을 드러내는 대단히 중요한 부분이라는 사실을 기억해야 합니다.

우선 '야베스'라는 이름의 뜻이 '고통'이라는 점이 놀랍습니다. 왜냐하면 고통이 그를 정의하지 못했고 오히려 그가 하나님께 간구할 때 하나님은 그의 상황을 저주에서 복으로 바꾸셨기 때문입니다. 이것은 기도의 공식이 아니라, 하나님이 한 사람의 운명을 저주에서 복으로 바꾸실 수 있다는 것을 말합니다. 야베스의 어머니가 고통 중에 아이를 낳았다는 것은 창세기 3장 이후 보편화된 경험입니다. 또한 여기서 고통을 표현하는 단어는 창세기 3장 16절의 '고통'에서 비롯된 것입니다. 그런 의미에서 우리는 모두 야베스입니다. 모든 사람은 저주 아래 태어나 고통스럽고 헛된 삶을 살아야 하기 때문입니다. 하지만 하나님은 그런 운명을 바꿀 능력과 뜻을 가진 분이며, 실제로 우리를 그런 운명에서 건지셔서 복 주시고 고통에서 자유롭게 하십니다. 그런 의미에서 "주께서 내게 복을 주시려거든"이라는 말은 창세기 3장의 "반드시 죽을 것"이라는 말씀을 뒤집어 버립니다.

야베스는 하나님께 악에서 보호하사 저주의 고통이 자신에게 임하지 않기를 구합니다. 그리고 하나님은 그 기도에 응답하셔서 그에게 복을 주십니다. 이것은 자기 땅에서 쫓겨나 저주를 경험했다가 다시 돌아온 역대기의 원래 독자들에게 참으로 복된 소식이었습니다. 그들은 비록 저주 아래서 포로 된 자로 태어났지만, 하나님이 야베스의 기도를 들으시고 응답하셨듯이 그 저주는 복으로 바뀔 수 있기 때문입니다. 하지만 야베스 이야기는 더 큰 이야기의 일부에 불과합니다. 이 이야기는 궁극적으로 야베스와는 완전히 대조적인 경험을 한, 또 다른 유다 자손의 수백 년 후 이야기를 읽어야만 비로소 마무리됩니다. 그의 이름은 '구원'이라는 뜻을 가진 '예수'입니다.

역대기 족보의 목적과 중요성

족보는 기본적으로 두 가지 역할을 합니다. 하나는 수직적 족보로서 혈통의 뿌리를 보여 주고, 또 하나는 수평적 족보로서 친족 관계를 보여 줍니다. 수직적 족보의 전형적 예는 예수님의 족보인데, 마태복음에서 예수님의 족보는 아브라함까지 올라가고 누가복음에서는 아담을 거쳐서 하나님까지 올라갑니다. 두 수직적 족보의 초점은 다르지만 둘 다 예수님의 혈통적 뿌리를 가리킵니다. 마태는 예수님의 유대적 혈통을 말하며 예수님이 아브라함의 참 후손이심을 강조하고, 누가는 이방인들을 위해 예수님을 아담의 후손으로 제시함으로써 예수님의 보편성을 강조합니다. 이런 수직적 족보와 달리 수평적 족보는 넓이와 깊이를 보여 주며 폭넓은 관계를 밝힙니다. 역대상 25장의 족보가 그 좋은 예입니다. 모두 이름 없는 레위 사람들의 족보지만, 찬송을 맡을 다음 세대 레위인들에게는 자신들이 한 조상에게서 나온 후손으로서 성전에서 한 공동체로 함께 섬길 것이기에 매우 중요했습니다.

이런 개념을 바로 이해하고 보면, 역대상 1-9장의 족보는 수직적 족보와 수평적 족보의 혼합 형태로서, 단지 서로 무관한 케케묵은 이름들의 나열이 아니라 보다 중요한 메시지와 근본적인 신학적 진술을 담고 있음을 알게 됩니다. 역대상은 우선 가장 기본적인 수직적 족보 형태로 이름들을 나열하는데, 그 처음은 아담으로 시작합니다. 역대기 저자는 온 인류의 역사와 동시에 저자 당대의 역사를 염두에 둡니다. 그래서 아담부터 주변 국가들의 족장을 간단히 언급하면서 이스라엘을 그 뿌리는 물론이고 주변 국가들과도 연결합니다. 즉 이스라엘은 단지 아담으로부터 나온 여러 나라 중 하나가 아니라, 그 가운데서 하나님이 택하신 부름받은 민족이라는 중요한 메시지를 보여 줍니다.

이어서 역대상 2-5장은 이스라엘이 하나님 계획의 중심에 있음을 알립니다. 또한 열두 족장부터 시작하여 유다 자손과 다윗의 족보를 다루면서 왕들이 하나님 계획의 중심에 있음을 알려 줍니다. 그리고 그 후에야 비로소 시므온, 르우벤, 갓, 므낫세 반 지파를 차례로 기록하는데, 이는 출생 순서가 아닌 하나님의 택하심이 중요하다는 성경 신학의 기본 원리를 보여 줍니다.

이처럼 역대상 1-8장이 족장 시대부터 왕족 시대까지를 다뤘다면, 마지막 9장은 포로가 되었던 자들을 1절에 직접 언급하면서 유배기 이후의 시대를 다룹니다. 포로에서 돌아온 자들을 이스라엘의 역사와 연결하기 위해 다윗과 솔로몬이 누렸던 영광과 모든 족장에서 아브라함까지, 그리고 궁극적으로는 아담까지 연결합니다. 유배기를 마치고 돌아온 이 회복 공동체는 대부분 유다, 시므온, 베냐민, 레위 지파 자손으로 이루어져 있고, 바로 이 공동체가 역대기 말씀의 대상이기 때문입니다.

역대기 메시지

1

그렇다면 역대기 저자가 이 회복 공동체에 전하고 싶은 메시지는 무엇이었을까요? 역대상 9장 1절이 그 핵심입니다.

> 온 이스라엘이 그 계보대로 계수되어 그들은 이스라엘 왕조실록에 기록되니라 유다가 범죄함으로 말미암아 바벨론으로 사로잡혀 갔더니(역대상 9:1)

이 짧은 구절은 유배기가 이스라엘 역사의 끝이 아니라 오히려 그 반대라고 말합니다. 유다 백성이 바벨론에 잠시 포로로 잡혀갔지만, 다시 돌아와 수백 년 전 하나님이 그들에게 약속하신 땅을 다시 차지하게 되었다는 것입니다. 하나님이 택하신 백성이 약속의 땅에서 지은 죄로 인해 잠시 언약의 소강상태에 들어갔지만, 이제 그 포로 시절은 지나간 일이 되었고 그들은 다시 예전 삶으로 돌아옵니다.

포로에서 돌아온 이스라엘은 여전히 약소국으로서 주변 강대국에게 계속 압박을 받으며 많이 낙심했을 것입니다. 에스겔서에 예언된 것 같은 위대한 소망을 기대했다면 더더욱 낙심이 컸을 것입니다. 이러한 패배감을 떨치기 위해 역대기 저자는 비록 이스라엘이 수는 적으나 위대하고 풍성한 역사의 후손이라고 말하면서, 하나님이 그들 조상에게 주신 모든 약속은 여전히 유효하며, 하나님의 관심이 다시 돌아온 이 작은 공동체에 맞춰져 있다고 강조합니다. 다윗과 솔로몬의 왕조가 누렸던 영광은 하나님이 친히 자신의 약속을 신실히 지키신 결과이기에 다시 위대한 미래를 누릴 수 있다고 말합니다.

역대기는 족보 기록 이후 10장에 사울이 왕으로서 실패했다고 간단히 언급하면서 시작하는데, 이는 사울의 실패 이후에 찾아온 다윗의 영광이 이스라엘의 미래를 보여 주는 좋은 예이기 때문입니다. 역대기는 하나님을 따르는 데 실패하여 포로로 잡혀갔다가 다시 이전 영광을 회복하는 패턴을 처음부터 제시하면서 시작합니다. 사울은 여호와를 찾지 않아서 버림받았지만, 다윗과 솔로몬은 여호와를 찾았고 특히 성전을 건축하고 올바른 예배를 수립했습니다. 바로 그 성전이 역대기 모든 내용의 중심이 됩니다. 하지만 역대기에서 실제 성전 건축에 관한 묘사는 다른 본문들에 비해 훨씬 짧고 간결합니다. 건축 자체보다는 솔로몬의 성전 봉헌 기도와 이에 대한 하나님의 응답에 초점을 두기 때문입니다. 이 내용은 역대기의 나머지 역사에서도 헌장 같은 역할을 하면서 저자가 추구하는 원리가 무엇인지를 반복해서 기록으로 남게 하고, 그렇게 함으로써 그 원리가 이스라엘 역사에서 어떻게 적용되고 있는지를 보여 줍니다.

반드시 실행되는 권선징악

역대기 메시지 2

역대기 저자가 보여 주는 또 다른 중요한 주제는 권선징악 신학입니다. 상과 벌이 나중에 임하지 않고 즉각 임한다는 이 신학을 기반으로 저자는 분열 왕국의 역사를 평가합니다. 그래서 역대기에서는 죄 다음에 항상 심판과 불행이, 의로운 순종 다음에 항상 형통함과 평안이 따릅니다. 물론 권선징악이라는 주제가 절대 불변의 원칙은 아니어서, 하나님은 범죄 이후에 즉각 벌을 주시지 않기도 하고, 선지자들을 먼저 보내 경고하시기도 합니다. 그리고 회개하면 언제나 심판을 거두십니다.

권선징악 신학에 대한 역대기 저자의 관점은 이것입니다. 하나님은 백성의 순종에 즉시 복을 주시고 회개하는 자들은 즉시 용서하시지만, 반면에 회개하지 않는 자들에게는 오래 참고 경고하시며 그 후에 심판하신다는 것입니다. 그러면서 동시에 역대기 저자는 하나님의 오래 참으심을 당연하게 여겨서는 안 되며, 계속 죄짓는 핑계가 될 수도 없다고 분명히 말합니다. 물론 이러한 신학적 관점은 역대기만이 아니라 성경에서 다양한 모습으로 나타나는데 역대기만의 독특함은 이 주제를 계속 반복하는 빈도수에 있습니다.

이스라엘의 멸망은 어떤 이들의 의혹처럼 하나님이 약속을 지키지 않으셨기 때문이 아니었습니다. 오히려 그 반대로 하나님이 **그제야 비로소** 그들의 죄에 대한 벌을 내리셨기 때문입니다.

그렇다면 역대기 저자는 어떤 이유로 이스라엘 역사를 이런 관점에서 보여 주고자 했을까요? 사무엘서와 열왕기는 유배기가 오랜 기간 미뤄졌다가 마침내 임한 심판임을 보여 주려 했습니다. 출애굽 이후부터 계속 쌓인 죄 때문에 하나님은 그들을 벌하실 수밖에 없었습니다. 하지만 이스라엘의 멸망은 어떤 이들의 의혹처럼 하나님이 약속을 지키지 않으셨기 때문이 아니었습니다. 오히려 그 반대로 하나님이 그제야 비로소 그들의 죄에 대한 벌을 내리셨기 때문입니다. 역대기 저자는 하나님의 심판은 항상 연기되는 것이 아니며, 하나님은 언제나 각 세대를 그 행한 바에 따라 다루시지만 회개하는 자들에게는 또한 언제나 자비를 베푸신다고 강조합니다. 즉 역대기는 열왕기와는 반대되는 관점이 아니라 균형을 이루는 관점을 제시합니다.

역대기는 회복 공동체를 향해 안주하지 말라며 던지는 경고일 수 있습니다. 과거에 그랬듯이 잘못을 범하고도 심판이 미뤄질 것으로 생각하지 말라는 것이죠. 그들이 살아남아 복을 받는 유일한 길은 스스로를 낮추고 하나님의 얼굴을 찾는 것입니다(역대하 7:14). 역대기가 당대 사람들에게 전한 메시지는 다음과 같은 여호사밧의 말에 잘 요약되어 있습니다.

> 유다와 예루살렘 주민들아 내 말을 들을지어다 너희는 너희 하나님 여호와를 신뢰하라 그리하면 견고히 서리라 그의 선지자들을 신뢰하라 그리하면 형통하리라(역대하 20:20)

이것이 바로 역대기가 그 시대 회중에게, 그리고 그들을 통해 오늘날 우리에게도 전하는 메시지입니다.

READING JESUS

리딩지저스

: 그리스도 중심으로 읽는 역대상·하

아마 역대기에서 가장 유명한 이야기는 야베스의 기도일 것입니다. 야베스라는 이름의 뜻은 '고통'이지만, 그의 삶은 그의 이름을 따라가지 않습니다. 자신의 지경을 넓히고 환난에서 벗어나는 복을 달라고 기도했을 때 하나님이 그 기도를 들어주시기 때문입니다. 하나님은 한 사람의 운명을 저주에서 복으로 바꿀 능력이 있는 분입니다.

하지만 이 이야기는 야베스와는 완전히 대조되는 경험을 했던 또 다른 유다 자손의 이야기를 읽어야만 비로소 마무리됩니다. 그는 '구원'이라는 이름을 가진, 누구보다 존귀한 분입니다. 그러나 그가 저주의 잔을 옮겨 달라고 기도했을 때 하나님은 그 기도를 듣지 않으십니다. 그는 고통받아야 할 죄를 범한 적이 없으셨으나 우리의 허물과 죄악으로 인해 상함을 입으십니다. 그분은 바로 예수 그리스도입니다. 그가 대신 고난을 받으셨기 때문에 야베스처럼 고통과 저주 가운데 태어난 우리가 구원을 받고 축복을 누릴 수 있게 되었습니다. 이제 모든 이름 위에 뛰어난 이름을 가지신, 부활하신 예수님은 온 지경에 있는 형제들을 부르셔서 그의 영원한 나라의 영광으로 초대하십니다.

3부 성/경/나/눔

역대상·하

한눈에 보기

역대기는 흔히 사무엘서와 열왕기 내용을 불필요하게 반복한 책으로 오해를 받습니다. 하지만 역대기는 유배기 이후 이스라엘을 향해 중요한 신학적 안목을 제시해 주는 소중한 책입니다. 열왕기의 관심이 리더십 문제였다면, 역대기의 관심은 성전입니다. 특히 저자가 중요하게 여기는 부분은 하나님이 성전 건축의 모든 단계를 친히 정하시고, 솔로몬을 택하셔서 성전을 건축하게 하셨다는 사실입니다. 따라서 역대기 저자가 솔로몬과 다윗을 긍정적으로 묘사하는 것은 독자들에게 다윗 왕조의 미래에 대해 헛된 종말론적 소망을 가지라는 것이 아니라, 하나님이 현재 그들에게 얼마나 은혜를 베풀고 계신지를 보여 주려는 것입니다. 즉 다윗 왕조가 없어져도 하나님은 여전히 역사 속에서 일하시며, 신실한 자들에게는 복을 주시고, 신실하지 않은 자들은 과거처럼 심판하신다는 것입니다.

역대기의 주목할 특징 중 하나는 족보입니다. 얼핏 지루하게 보이는 이 족보들은 서로 무관한 케케묵은 이름들의 나열이 아니라, 이스라엘이 열방 가운데서 부름받은 하나님의 택하신 민족임을 알려 주는 중요한 메시지를 담고 있습니다. 특히 포로에서 돌아온 자들을 향해, 유배기는 하나님의 택한 백성이 약속의 땅에서 지은 죄로 인해 잠시 언약의 소강상태에 들어갔던 것이며, 이제 그 포로 시절은 지나가고 다시 예전의 삶으로 돌아왔다고 알려 줍니다. 참 이스라엘 백성인 유다 백성이 잠시 바벨론에 포로로 잡혀갔지만, 수백 년 전에 하나님이 그들에게 주셨던 땅을 다시 차지하게 되었다는 것입니다. 특히 낙담과 패배감으로 돌아왔을 그들에게 역대기 저자는 말합니다. 비록 이스라엘이 수는 적지만 위대하고 풍성한 역사의 후손이며, 하나님이 그들의 조상에게 주신 모든 약속은 여전히 유효하고, 다윗 왕조가 누렸던 그 영광은 하나님이 친히 자신의 약속을 신실히 지키셨던 결과이므로 다시 위대한 미래를 누릴 수 있다고 합니다.

동시에 역대기는 권선징악의 주제도 강조합니다. 하나님은 순종하는 백성에게는 즉시 복을 주시고 회개하는 자들은 즉시 용서하시지만, 회개하지 않는 자들은 오래 참으며 경고하고 그 후에야 심판하십니다. 또한 하나님의 오래 참으심을 당연하게 여겨서는 안 되며, 계속 죄짓는 핑계가 될 수 없다고 저자는 분명히 말합니다. 저자는 회복 공동체를 향해 안주하지 말라고도 경고합니다. 과거처럼 잘못을 범하고도 심판이 미뤄질 것으로 생각하지 말라고 합니다. 그 점은 여호사밧이 한 다음 말에 잘 요약되어 있습니다. "유다와 예루살렘 주민들아 내 말을 들을지어다 너희는 너희 하나님 여호와를 신뢰하라 그리하면 견고히 서리라 그의 선지자들을 신뢰하라 그리하면 형통하리라"(역대하 20:20). 이것이 바로 역대기가 그 시대 회중에게, 그리고 그들을 통해 오늘날 우리에게 전하는 메시지입니다.

성경수업

돌아보기

❶ 역대기는 최초 인간 (   )으로 시작해서 (   )이 유대인들의 포로 생활을 끝내고 고향으로 돌아가도록 하는 이야기로 마무리됩니다. 역대기도 사무엘서와 열왕기처럼 왕정 시대를 다루되 다른 관점에서 (   ) 역사를 기록합니다. (역대상·하에 들어가며)

❷ 역대기의 관심은 (   )입니다. 저자가 지대한 관심을 보이는 부분은 다윗의 통치 시대와 특히 (   )이 건축된 (   )의 통치 시대입니다. 또한 역대기 저자는 (   )가 없어져도 하나님은 여전히 역사 속에서 일하시며, (   )한 자들에게는 복을 주시고 (   ) 하지 않은 자들은 과거처럼 (   )하신다는 것을 보여 주려 합니다. (성경수업 Lesson1)

❸ 족보는 기본적으로 두 가지 역할을 합니다. 하나는 (   ) 로서 혈통의 뿌리를 보여 주고, 또 하나는 (   )로서 친족 관계를 보여 줍니다. 역대상 1-9장의 족보는 (   ) 와 (   )의 혼합 형태로서, 중요한 메시지와 근본적인 신학적 진술을 담고 있습니다. (성경수업 Lesson3)

❹ **"온 이스라엘이 그 (   )대로 계수되어 그들은 이스라엘 왕조실록에 기록되니라 유다가 (   )으로 말미암아 (   )으로 사로잡혀 갔더니"**(역대상 9:1)

❺ 역대기에서는 (   ) 다음에 항상 (   )과 (   )이, 의로운 (   ) 다음에 항상 (   )과 (   )이 따릅니다. 하나님은 백성의 (   )에 즉시 복을 주시고 (   )하는 자들은 즉시 용서하시지만, 반면에 (   )하지 않는 자들에게는 오래 참고 경고하시며 그 후에 심판하십니다. 성경수업 Lesson5

❻ 역대기가 그 시대 사람들에게 전한 메시지는 여호사밧의 말에 잘 요약되어 있습니다.

"유다와 예루살렘 주민들아 내 말을 들을지어다 너희는 너희 하나님 여호와를 (   )하라 그리하면 견고히 서리라 그의 (   )들을 신뢰하라 그리하면 형통하리라"(역대하 20:20)

정답

1. 아담, 고레스 왕, 이스라엘 2. 성전, 성전, 솔로몬, 다윗 왕조, 신실, 신실, 심판 3. 수직적 족보, 수평적 족보, 수직적 족보, 수평적 족보 4. 계보, 범죄함, 바벨론 5. 죄, 심판, 불행, 순종, 형통함, 평안, 순종, 회개, 회개 6. 신뢰, 선지자

나눔 질문

❶ 역대기가 기록될 당시의 이스라엘은 초라한 공동체였지만 하나님의 언약은 여전히 동일하게 역사하고 있었습니다. 상황이나 환경과 상관없이 내 삶에서 역사하시는 하나님을 나는 신뢰하고 있나요?

❷ 하나님은 계속하여 불순종하는 이스라엘에게 하나님을 신뢰할 것을 촉구하십니다. 한 주간의 성경통독을 통해서 하나님을 신뢰함에 있어 나에게 어떤 변화가 있었나요?

❸ 예수님은 우리가 받아야 할 저주와 고통을 대신 받으시고 우리에게 구원과 복을 주셨습니다. 이런 구원의 은혜와 하늘의 복을 누리는 한 주간을 보내기 위해서 내가 실천할 수 있는 것들을 나누어 봅시다.

기도로 함께 소망하며

❶ 성경 말씀에 기초해, 찬양과 감사의 기도를 드립니다.

여호와여 우리 귀로 들은 대로는 주와 같은 이가 없고
주 외에는 하나님이 없나이다
역대상 17:20

❷ 일상의 변화를 소망하며, 회개와 결단의 기도를 드립니다.

❸ 서로를 위해, 또 교회를 위해 기도합니다.

시편 118편 1-10절

여호와께 감사하라
그는 선하시며 그의 인자하심이 영원함이로다
이제 이스라엘은 말하기를
그의 인자하심이 영원하다 할지로다
이제 아론의 집은 말하기를
그의 인자하심이 영원하다 할지로다
이제 여호와를 경외하는 자는 말하기를
그의 인자하심이 영원하다 할지로다
내가 고통 중에 여호와께 부르짖었더니
여호와께서 응답하시고 나를 넓은 곳에 세우셨도다
여호와는 내 편이시라 내가 두려워하지 아니하리니
사람이 내게 어찌할까
여호와께서 내 편이 되사 나를 돕는 자들 중에 계시니
그러므로 나를 미워하는 자들에게
보응하시는 것을 내가 보리로다
여호와께 피하는 것이 사람을 신뢰하는 것보다 나으며
여호와께 피하는 것이 고관들을 신뢰하는 것보다 낫도다
뭇 나라가 나를 에워쌌으니
내가 여호와의 이름으로 그들을 끊으리로다

6

유배기

성경읽기 역대하 1-36장

성경수업 울며 꿈꾸며 바라보다

성경나눔

유배기에 들어가며

역대기에 대한 논의는 자연스럽게 유배 기간과 그 이후 시기로 이어집니다. 역대상 9장에서는 포로로 잡혀간 자들과 포로에서 돌아와 예루살렘에 정착한 이들의 족보가 나옵니다. 그리고 역대하 마지막 부분에서는 바사 왕 고레스가 유다 백성에게 예루살렘으로 돌아가 성전을 건축하라고 공포합니다. 유배기와 유배기 이후의 이야기는 이스라엘 역사 중 가장 덜 알려진 시기입니다. 대부분의 어린이 그림 성경이 잘 다루지 않을 뿐더러, 성인들도 구약성경 전체를 읽지 않는 한 모르고 지나치는 부분이죠. 그러나 역대기를 포함하여 유배기를 배경으로 하는 성경 말씀을 더 잘 이해하기 위해서는 이 시대의 역사와 신학을 간략하게 알고 있어야 합니다.

이번 주에는 역대하 전체를 통독하면서, 성경수업을 통해 신앙의 모든 틀이 무너져 버린 유배기라는 독특한 시대 상황 속에서 하나님 백성에게 요구된 믿음은 무엇이었는지 알아보고, 예루살렘으로 돌아온 회복의 공동체에게 주신 하나님의 약속은 무엇이었는지 살펴보겠습니다.

리딩지저스 영상 안내

리딩지저스 2권 6강: 유배기

QR코드를 찍으면 '유배기' 리딩지저스 영상으로 바로 연결됩니다. 또는 유튜브에서 '리딩지저스 유배기'를 검색하여 시청할 수 있습니다. '성경읽기'와 '성경수업'을 시작하기 전에 리딩지저스 영상을 시청하면 도움이 됩니다.

1부 | 성/경/읽/기

QR코드를 찍으면 **리딩지저스 오디오 바이블**로 연결됩니다. 45주 성경통독 일정에 맞추어 제작된 **오디오 바이블**을 통해 매일의 성경통독 분량을 부담 없이 완독할 수 있습니다. 그리스도 중심 성경읽기 《리딩지저스》와 함께하는 성경통독을 통해 하나님과 동행하는 하루하루가 되기를 소망합니다.

이번 주 성경읽기 스케줄

주일	리딩지저스 영상 시청, 성경수업 읽기			
	기본 읽기		핵심 읽기	
월	대하 1-6장	완독	대하 6장	
화	대하 7-12장		대하 11장	
수	대하 13-18장		대하 15장	
목	대하 19-24장		대하 19장	
금	대하 25-30장		대하 30장	
토	대하 31-36장		대하 36장	

1일차 성전이 완공되다

기본 읽기 역대하 1-6장
핵심 읽기 역대하 6장

다윗이 죽고 솔로몬이 이스라엘의 왕이 됩니다. 솔로몬은 아버지 다윗의 명령에 순종하여 성전 건축에 매진합니다. 일전에 다윗이 매입한 오르난의 타작마당을 성전 건축 부지로 선정하고, 아버지가 남겨준 수많은 물자를 활용해 성전 건축을 시작합니다. 성전 건축은 순조롭게 진행되고, 성전에서 사용할 각종 물건도 함께 제작됩니다. 성전이 완공되자, 솔로몬은 이스라엘의 장로와 족장을 비롯한 모든 백성을 소집합니다. 여호와의 언약궤가 지성소에 들어갔고, 수많은 사람이 찬양하며 기쁨으로 제사를 지냅니다. 하나님도 이에 영광으로 화답하십니다. 이렇게 완공된 성전에서 솔로몬은 백성을 축복하고 하나님께 감사 기도를 올립니다. 솔로몬의 기도는 하나님을 향한 감격으로 가득합니다.

2일차 끝나 버린 영광

기본 읽기 역대하 7-12장
핵심 읽기 역대하 11장

성전 낙성식이 장엄하게 거행됩니다. 그날 밤에 하나님은 솔로몬에게 나타나셔서 다윗에게 한 약속을 재확인하십니다. 솔로몬의 통치는 화려했고, 나라의 힘은 강력했습니다. 솔로몬의 영광은 스바의 여왕이 솔로몬을 찾아오는 사건으로 정점을 찍습니다. 그러나 안타깝게도 그 영광은 거기까지였습니다. 역대기는 솔로몬의 타락 과정 대신에 그의 아들 르호보암의 통치를 좀 더 자세히 기록합니다. 여로보암이 북쪽 왕국을 통치하며 나라가 갈라지자, 르호보암은 북쪽 지역을 공격하려고 합니다. 하지만 선지자 스마야가 전한 하나님의 뜻을 듣고 중단합니다. 여로보암이 북왕국 백성이 하나님께 예배하러 가는 것을 막고 우상을 세우자, 북왕국 백성과 북쪽에 거주하던 레위 사람들이 유다로 내려옵니다. 이스라엘의 영광은 이렇게 너무나도 허무하게 끝나 버립니다.

3일차 유다에서 계속 일어나는 신앙부흥운동

기본 읽기 역대하 13-18장
핵심 읽기 역대하 15장

역대기는 다윗과 유다 왕국 왕들을 집중 조명합니다. 이는 남북으로 갈라진 이후에도 유다 왕국에서는 하나님 말씀을 따르려 애쓰는 왕이 계속 등장하기 때문입니다. 오늘 본문에는 하나님 뜻에 순종하려고 애쓴 두 왕, 아사와 여호사밧이 나옵니다. 아사는 이방 제단과 산당을 없애고 신들의 모습을 새긴 주상을 부수고 아세라를 섬기는 나무를 찍어 버립니다. 그러나 아쉽게도 말년에는 하나님의 뜻을 점차 벗어나는 모습을 보입니다. 아사의 신앙부흥운동에는 이후 왕들이 시도하는 신앙부흥운동의 기본적인 패턴이 다 들어 있습니다. 그리고 여호사밧의 모습은 함께 전쟁을 벌인 북왕국 아합 왕이 보여 주는 불신앙과 대조됩니다.

4일차 여호와 보시기에 정직히 행하였으나…

기본 읽기 역대하 19-24장
핵심 읽기 역대하 19장

여호사밧은 아합과 함께 전투에 나간 사건으로 하나님께 책망을 듣지만, 유대 전역에서 신앙부흥운동을 계속 펼쳐 나갑니다. 이후 여호사밧은 아람 왕국과의 전쟁에서 승리하는 등 나라를 태평으로 이끕니다. 그러나 그의 개혁은 산당을 없애지 않는, 미완의 개혁이었습니다. 이후 유다 왕국에는 하나님을 섬기지 않는 왕들이 등장하며 나라를 혼란에 빠뜨립니다. 여호람과 아하시야가 일찍 죽고, 아하시야의 모후인 아달랴가 왕위를 차지해 다윗 왕가를 멸망시키려 하지만, 이는 제사장 여호야다의 거사로 인해 실패로 끝납니다. 그런데 요아스가 여호야다의 아들 스가랴를 죽이며 하나님의 뜻을 저버립니다.

5일차 지겹도록 반복되는 범죄와 회복

기본 읽기 역대하 25-30장
핵심 읽기 역대하 30장

유다 왕들의 모습에는 독특한 점이 있습니다. 하나님 앞에서 신앙을 회복하는 모습과 하나님을 저버리는 모습이 계속 반복된다는 점입니다. 오늘 본문에 등장하는 왕 중에 주목할 왕은 요담과 아하스, 히스기야입니다. 요담은 하나님 앞에서 정직하게 행했다는 평가를 받지만, 혼자만의 정직함이어서 백성의 삶에 큰 변화를 주지 못합니다. 그의 아들 아하스는 역대 최악의 우상숭배자였습니다. 아하스는 성전의 기물들까지 파괴하거나 치워 버렸고, 유다 왕국을 하나님의 심판 아래 놓이게 합니다. 다행히도 아하스의 아들 히스기야가 왕위에 오르면서 성전을 수리하고 유월절을 성대히 지키며 신앙을 회복하지만, 강대국 앗수르의 위협은 여전합니다. 이러한 상황 가운데서 유다는 언약 백성이라는 정체성을 지킬 수 있을까요?

6일차 하나님의 심판

기본 읽기 역대하 31-36장
핵심 읽기 역대하 36장

히스기야 시대에 결국 앗수르가 유다의 온 땅을 정복하고 예루살렘을 포위합니다. 앗수르 왕 산헤립이 하나님을 조롱하는 모습을 보면서 히스기야는 분노하여 하나님께 기도합니다. 그 기도에 응답하신 하나님이 앗수르를 물리쳐 주십니다. 말년에 히스기야는 교만하여 하나님의 은혜를 잊어버립니다. 결국 그의 아들 므낫세가 등장하며 이스라엘은 최악의 우상숭배로 빠져듭니다. 그러나 므낫세는 말년에 회개하여 하나님 앞으로 돌아옵니다. 이후 요시야의 강력한 신앙부흥운동이 일어나지만, 하나님의 심판은 피할 수 없었고, 결국 유다는 바벨론에게 멸망당합니다. 역대하의 마지막은 바사 왕 고레스의 성전 건축 조서 반포로 끝납니다. 회개하고 돌이키는 백성을 하나님은 절대 외면하지 않으십니다.

2부

성/경/수/업

울며
꿈꾸며
바라보다

이 성전의 나중 영광이
이전 영광보다 크리라
만군의 여호와의 말이니라
내가 이 곳에 평강을 주리라
만군의 여호와의 말이니라

학개 2장 9절

Lesson 1 멸망, 포로, 귀환

유배기의 역사적 배경

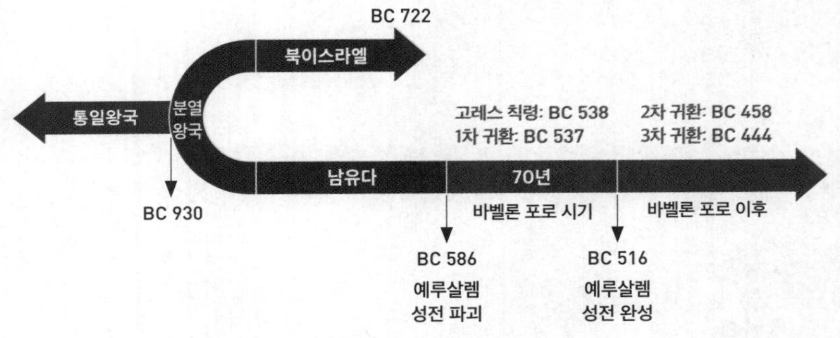

바벨론 유배기를 이해하려면 분열 왕국의 멸망 과정을 살펴봐야 합니다. 북왕국 이스라엘이 먼저 기원전 722년에 앗수르에게 멸망당하는데, 실제로는 기원전 745년에 앗수르 왕 디글랏 빌레셀 3세가 습격했을 때 이미 주도권을 뺏긴 상황이었습니다. 당시 조공을 바치고 복종을 약속함으로써 완전한 멸망은 면하나 20년 후에 반란을 일으켰다가 사마리아가 포위되고 3년 후에 사르곤 2세에 의해 북이스라엘은 완전히 무너집니다. 이때 상류층은 추방되어 앗수르 제국 곳곳으로 흩어지고, 이스라엘 땅에는 다

북왕국 이스라엘이 먼저 기원전 722년에 앗수르에 멸망당합니다. 상류층은 추방되어 앗수르 제국 곳곳으로 흩어지고, 이스라엘 땅에는 다른 민족이 정착하여 사마리아인으로 알려지는 혼합 민족이 탄생합니다. 남왕국 유다도 초강대국으로 등장한 바벨론을 당해 내지 못하고, 기원전 586년에 **예루살렘이 함락**됩니다. 바벨론은 앗수르와 달리 이스라엘 백성을 바벨론 중심부로 이주시킵니다.

른 민족들이 정착하여 이후에 사마리아인으로 알려지는 혼합 민족이 탄생합니다.

남왕국 유다는 북왕국보다 좀 더 오래 존속하지만, 그다음 초강대국으로 등장한 바벨론을 당해 내지 못합니다. 기원전 605년에 여호야김 왕이 느부갓네살 왕에게 처음 항복하면서 다니엘을 포함한 몇몇 지도자가 포로로 잡혀갑니다. 그런데 느부갓네살이 그 지역을 떠나자 다시 반란을 일으켰다가 기원전 597년에 또 한 번 패배하고, 에스겔과 여호야긴 왕을 포함해 더 많은 백성이 바벨론에 잡혀갑니다. 그 후 바벨론은 여호야긴의 삼촌인 시드기야를 왕으로 앉히는데 시드기야가 반란을 일으키자 결국 기원전 586년에 예루살렘을 함락합니다. 이때 더 많은 백성이 포로로 끌려가는데 바벨론의 정책은 앗수르와 달랐습니다. 앗수르는 제국 이곳저곳으로 사람들을 이주시켜 흩었지만, 바벨론은 사람들을 외곽에서 중심으로 이주시켰습니다. 따라서 포로로 잡혀간 자들의 땅을 다른 민족이 차지하지 않았고, 그 결과 다시 돌아올 땅이 그대로 남아 있게 됩니다.

기원전 538년, 바사 제국의 새로운 왕 고레스가 성전을 재건하라고 유대인들을 돌려보내자 귀환이 이루어집니다. 이것은 일견 바사 제국의 폭넓은 이주 정책과 종교적 관용 정책의 일부로 보이지만, 성경은 귀환에 대한 하나님의 약속이 성취된 것이라고 기록합니다.

> 바사 왕 고레스 원년에 여호와께서 예레미야의 입을 통하여 하신 말씀을 이루게 하시려고 바사 왕 고레스의 마음을 감동시키시매 그가 온 나라에 공포도 하고 조서도 내려 이르되(에스라 1:1)

이때 학개와 스가랴 선지자의 권고로 성전이 다시 건축되고, 약 백 년 후 에스라와 느헤미야를 통해 새로운 움직임이 일어납니다. 에스라는 하나님의 율법에 정통한 제사장으로서 이방 왕에게 의뢰를 받아 유다에게 율법을 다시 가르치고, 느헤미야는 뛰어난 행정가요 유능한 지도자로서 왕에게 요청하여 예루살렘 성벽을 재건합니다. 이것이 바벨론 유배기가 시작되고 포로 귀환이 이루어졌던 시대의 개괄적 역사입니다.

Lesson 2 눈물, 꿈, 재건

유배 신학

Theology in Exile

그렇다면 유배기 시대의 신학은 어떠했을까요? 그들이 가장 먼저 한 일은 우는 것이었습니다. 시편 기자가 이 모습을 잘 표현합니다.

> 우리가 바벨론의 여러 강변 거기에 앉아서 시온을 기억하며 울었도다…우리가 이방 땅에서 어찌 여호와의 노래를 부를까(시편 137:1-4)

예루살렘 성벽이 무너지고 하나님의 거룩한 처소가 소멸되었으니 어떻게 기쁠 수 있겠습니까? 기쁨은 사라지고 슬픔이 찾아옵니다. 하지만 이 슬픔은 몰락의 원인이 죄 때문임을 깨닫는 슬픔이기에 소망의 씨앗을 품고 있었습니다. 비극이 하나님의 주권에 의한 결과라면, 새롭게 출발할 수 있는 소망 또한 그 주권에 있기 때문입니다. 상처를 주신 분이 상처를 싸매 주실 수 있고, 자기 백성을 버리신 분이 다시 회복하실 수 있기 때문입니다. 언약에 근거한 하나님의 사랑은 눈물 중에도 소망의 근거가 되기 때문입니다.

> 이것을 내가 내 마음에 담아 두었더니 그것이 오히려 나의 소망이 되었사옴은 여호와의 인자와 긍휼이 무궁하시므로 우리가 진멸되지 아니함이니이다 이것들이 아침마다 새로우니 주의 성실하심이 크시도소이다 내 심령에 이르기를 여호와는 나의 기업이시니 그러므로 내가 그를 바라리라 하도다(예레미야애가 3:21-24)

이러한 용서와 회복의 가능성을 받아들이면 슬픔에서 벗어나 꿈을 꿀 수 있습니다. 그래서 시편 126편은 말합니다.

> 여호와께서 시온의 포로를 돌려보내실 때에 우리는 꿈꾸는 것 같았도다(시편 126:1)

모든 것이 바닥까지 무너지고 과거에 있던 모든 구조가 사라졌지만, 바로 그때가 꿈꿀 수 있는 때라고 노래합니다. 그리고 과거의 좋았던 것은 지키되 실수와 죄는 멀리하는 미래에 대한 꿈을 꿉니다. 따라서 유배기 문서의 많은 부분은 과거의 파멸을 허물고 분명한 기초를 세우는 데 초점을 맞춥니다.

유배기 신학의 또 다른 부분은 꿈꾸는 것을 넘어 재건의 단계로 넘어가는 실제적 신학입니다. 이는 학개와 스가랴가 보여 준 신학으로 단순히 성전 재건에 대한 소망을 일으키는 것이 아니라, 사람들이 성전을 향해 바른 소망을 갖도록 하는 것이었습니다. 과거 실수를 다시 반복하지 않으면서, 또한 바로 지금이 성전을 재건할 때라는 점을 확실히 이해하는 것입니다. 고레스 왕이 유다로 돌아가 성전을 지으라는 칙령을 선포한 지 열여덟 해가 지났건만, 당시 백성은 약속의 하나님을 망각한 채 그저 현실에 안주하면서 꿈도 소망도 없이 살아가고 있었습니다. 그래서 하나님은 선지자들을 보내 고요한 절망 가운데 있던 백성에게 새로운 소망의 메시지를 선포하십니다. 그 메시지가 바로 선지자 학개가 촉구한 성전 재건이었습니다. 학개는 하나님이 거하시는 처소와 백성이 거하는 처소를 비교하면서 성전 재건을 촉구합니다.

> 이 성전이 황폐하였거늘 너희가 이때에 판벽한 집에 거주하는 것이 옳으냐?(학개 1:4)

총독 스룹바벨과 대제사장 여호수아를 포함한 대다수 백성이 학개의 말을 청종하면서 성전 재건이 시작됩니다. 하지만 그렇게 완성된 성전의 모습은 이전의 영광에 비하면 너무나 초라했습니다. 이때 하나님은 학개를 통해 약속하십니다.

> 이 성전의 나중 영광이 이전 영광보다 크리라…내가 이곳에 평강을 주리라(학개 2:9)

그 성전이 진정으로 완성되는 날에 진정한 샬롬이 임하고 이전에 없던 풍요를 가져올 것이기 때문입니다.

Lesson 3 하나님이 우리 가운데 거하신다

성전 재건의 의미

일반적으로는 죄의 고통스런 결과를 겪으면 악한 행위를 멈추고 하나님께로 돌아가는데, 포로로 잡혀갔다가 돌아온 이스라엘 백성은 하나님께로 돌이키지 않습니다. 학개의 메시지는 바로 그런 백성에게 선포된 말씀이었습니다. 물론 삶에 고통이 찾아오면 종교를 찾는 사람들도 있습니다. 그런 의미에서 학개 시대 사람들도 다양한 곡식을 제물로 바쳤습니다. 하지만 학개는 그런 형식적인 종교 행위는 아무런 의미가 없다고 말합니다. 왜 그럴까요?

> 이에 학개가 대답하여 이르되 여호와의 말씀에 내 앞에서 이 백성이 그러하고 이 나라가 그러하고 그들의 손의 모든 일도 그러하고 그들이 거기에서 드리는 것도 부정하니라(학개 2:14)

부정한 자가 드리는 제물을 거룩하신 하나님이 열납하실 수 없고, 죄인의 선행으로는 하나님께 바르게 나아갈 수 없기 때문입니다. 사람은 모두 아담의 원죄로 인해 부패한 마음을 지닌 타락한 존재로 태어나기 때문입니다.

> 만물보다 거짓되고 심히 부패한 것은 마음이라 누가 능히 이를 알리요마는(예레미야 17:9)

이 문제는 하나님과의 관계를 올바로 회복해야만 해결될 수 있으며, 그렇게 할 때 죄의 저주에서 벗어나 하나님의 복을 누릴 수 있습니다. 어떤 종교로도 이 문제를 해결할 수 없습니다. 아무리 최선을 다한다 해도 우리는 부정하고 하나님은 거룩하시므로 우리 스스로의 힘으로는 하나님께로 돌아갈 수 없기 때문입니다. 이는 표범이 그 반점을 없앨 수 없는 것과 같습니다. 구원은 반드시 우리 밖에서 와야 하는 것으로 하나님이 이루시는 것입니다. 따라서 참된 변화는 오직 하나님이 백성 가운데 거하실 때만 가능합니다. 이것이 학개 선지자가 백성에게 전한 성전 재건의 상징적 의미입니다.

학개 선지자가 선포한 말씀대로 그들은 성전을 재건합니다. 그 결과 하나님이 그들 가운데 다시 거하시고, 그들은 새로운 생명과 평화를 얻었으며, 저주는 축복으로 바뀝니다. 하지만 학개의 관심은 그저 현재에만 머물지 않습니다. 학개에게는 미래를 향한 소망이 중요했습니다. 그래서 그는 이스라엘 백성이 반드시 확신해야 할 중요한 점 세 가지를 말하며 마무리합니다. 첫째는 하나님이 악인을 심판하시고 그의 백성을 구원하려고 과거에 행하셨던 일, 둘째는 앞으로 하나님 나라가 세워지고 적들이 물리쳐지리라는 미래에 대한 약속, 셋째는 현재 성취되고 있는 하나님 나라의 현실입니다.

학개는 이런 메시지를 전하기 위해 하나님이 악인을 심판하시고 백성을 구원하시기 위해 과거에 이미 행하신 일을 언급하면서, 또한 여전히 미래가 남아 있다고 선포합니다. 세상 나라들은 반드시 깨지고, 하나님이 택하신 자가 다시 왕이 되어 다스릴 것이라고 말합니다. 특히 과거의 쓰린 경험 때문에 낙심과 좌절에 빠져 열정을 잃어버린 백성을 향해서, 학개는 우리 하나님은 옛날 옛적의 하나님만이 아니라 그분의 백성을 위해 장차 위대한 일을 행하실 분임을 확신시킵니다.

초라한 총독
스룹바벨

스룹바벨은 학개서에서 특별히 주목할 사람입니다. 특히 마지막 결론을 보십시오.

> 너는 유다 총독 스룹바벨에게 말하여 이르라 내가 하늘과 땅을 진동시킬 것이요 여러 왕국들의 보좌를 엎을 것이요 여러 나라의 세력을 멸할 것이요 그 병거들과 그 탄 자를 엎드러뜨리리니 말과 그 탄 자가 각각 그의 동료의 칼에 엎드러지리라 만군의 여호와가 말하노라 스알디엘의 아들 내 종 스룹바벨아 여호와가 말하노라 그날에 내가 너를 세우고 너를 인장으로 삼으리니 이는 내가 너를 택하였음이니라 만군의 여호와의 말이니라 하시니라(학개 2:21-23)

절망 속에서 하나님 따르기를 포기하는 자들을 향해 학개 선지자는 하나님이 스룹바벨에 대해 하시는 말씀을 전합니다. 스룹바벨은 다윗 자손 중에 버려진 가문의 후손이요, 후미진 지방 도시의 하위 관원에 불과했습니다(역대상 3:16-19). 사람들 눈에는 참으로 볼품이 없었습니다. 하지만 학

스룹바벨은 생명의 징표이며, 그에게 세상의 영광은 없었으나 하나님이 그를 택하셔서 여호와의 집을 다시 지으라는 사명을 부여하십니다. 스룹바벨은 이런 택하심에 응답하여 유다 왕들이 마땅히 해야 했으나 실패했던 바로 그 일, 즉 선지자를 통해 임한 **하나님 말씀에 순종**하는 일을 이루어 냅니다.

개가 사용한 이미지는 버림받은 그 모습을 의도적으로 뒤바꾸어 여호야긴 왕에게서 떠난 여호와의 보호하심이 그에게서 회복될 것을 공포합니다. 하나님이 하늘과 땅을 진동시키시는 그날에 스룹바벨을 세워 인장으로 삼으시는 것은 하나님이 그를 택하셨기 때문입니다.

> 만군의 여호와가 말하노라 스알디엘의 아들 내 종 스룹바벨아 여호와가 말하노라 그 날에 내가 너를 세우고 너를 인장으로 삼으리니 이

는 내가 너를 택하였음이니라 만군의 여호와의 말이니라 하시니라 (학개 2:23)

이것은 다윗의 후손인 스룹바벨을 통해 하나님이 언약을 새롭게 하신다는 말씀인데, 잘린 이새의 나무에서 새로운 싹이 자라나듯이 스룹바벨이 오래된 줄기에서 새롭게 나는 싹이라는 것입니다.

이새의 줄기에서 한 싹이 나며 그 뿌리에서 한 가지가 나서 결실할 것이요(이사야 11:1)

스룹바벨은 생명의 징표이며, 그에게 세상의 영광은 없었으나 하나님이 그를 택하셔서 여호와의 집을 다시 지으라는 사명을 부여하십니다. 스룹바벨은 이런 택하심에 응답하여 유다 왕들이 마땅히 해야 했으나 실패했던 바로 그 일, 즉 선지자를 통해 임한 하나님 말씀에 순종하는 일을 이루어 냅니다.

학개는 우리에게 스룹바벨처럼 살라거나 그를 본받으라고 말하지 않습니다. 학개는 하나님이 그를 통해 말씀하시는 소망의 메시지를 전합니다. 하나님이 택하신 다윗과 그의 후손에 대한 약속이 아직 끝나지 않았다는 바로 그 소망을 말이죠. 그렇기에 하나님 백성은 하나님이 행하실 날을 잠잠히 기다리되, 막연한 기다림이 아니라 소망과 기대 가운데서 기다리라는 것입니다. 영광스러운 미래가 아직 완성되지는 않았으나 이미 시작되었으므로 언제인지 모르는 미래의 그날, 하나님이 대적들을 친히 물리치시고 그 아들을 높이시는 그날을 기다려야 합니다. 또한 주께서 기름 부은 자에게 모든 나라를 유산으로 주시고 그 소유를 땅끝까지 주시는 그날을 기다려야 합니다. 여호와가 택하신 왕을 그의 거룩한 산 시온에 세우겠다고 하신 말씀이 다시 실행되었기 때문에 그들은 이제 확신 가운데 기다릴 수 있습니다. 그들 중에 있던 스룹바벨이 바로 이 모든 것의 증거요, 하나님은 학개 선지자를 통해 그 증거가 진실이라고 확인해 주십니다.

Lesson 5 재건된 성전에 거룩한 제사장이

대제사장

여호수아 환상

학개 선지자처럼 스가랴 선지자도 성전 재건에 관한 메시지를 전합니다. 특히 사무엘하 7장을 반영하면서 여호와의 집이 지어지는 전제 조건인 안식에 초점을 둡니다. 스가랴는 이 조건이 온 땅에 이루어졌으며, 따라서 성전 재건을 통해 이전에 없던 형통함과 택하신 시온의 회복이 이루어질 것이라고 선포합니다. 사무엘하 7장의 반복은 성전 재건의 타당성, 시기적절함, 연속성을 확인해 줍니다. 하지만 타당성은 성전만이 아니라 성전을 섬기는 자들에게도 필요했는데, 그들도 유배기를 거치며 부정해졌기 때문입니다. 스가랴 3장과 6장이 이 점을 다룹니다.

스가랴는 대제사장 여호수아가 여호와 앞에 더러운 옷을 입고 서 있는 환상을 보는데, 누가 봐도 이런 여호수아는 백성의 중재자로서 자격이 없습니다. 그때 사탄은 이 점을 이용해 그를 고발하려 하지만 하나님이 사탄을 꾸짖으십니다. 하나님이 예루살렘을 향한 언약을 신실하게 지키신다는 것에 근거한 책망입니다. 하나님이 예루살렘을 택하셨다는 것은 성전 재건이 하나님이 주관하시는 일이며, 그 성전에서 하나님을 섬길 제사장들을 거룩하게 세우실 분도 하나님이라는 뜻입니다. 그래서 하나님은 여호

하나님은 대제사장 여호수아를 정결하게 하신 후 사명을 맡기십니다. 여호수아는 단순히 한 개인이 아니라 징표였고, 장차 오실 여호와의 종이자 **줄기에서 날 그 '싹'**을 대신하는 인물이었습니다. 그래서 스가랴 6장은 여호수아를 그 싹을 대신하는 인물로 보여 주면서, 대관식에서 보좌에 앉은 왕 옆에 제사장이 서 있고 그 둘 사이에 평화가 있다고 예고합니다.

수아의 더러운 옷을 벗기시고 그에게 정결한 관을 씌우시고 깨끗한 옷을 입히십니다. 마치 아론과 그의 아들들이 금송아지 우상을 섬겼음에도 하나님이 그들을 정결케 하시고 옷을 입히셨던 것과 같습니다.

하나님은 여호수아를 정결하게 하신 후 그에게 사명을 맡기십니다. 여호수아가 여호와의 도를 행하고 계명을 지키면 그가 여호와의 집을 다스리고 하늘에 속한 천사들과 왕래할 것이라고 말씀합니다. 이는 유배기 이전의 제사장들에게 주신 것보다 더 큰 권위를 대제사장에게 주신 것으로, 유배기 이전에는 성전의 유효성이 왕들의 신실함에 달려 있었다면, 유배기 이후에 재건된 성전의 유효성은 대제사장의 신실함에 달려 있음을 보여 줍니다.

> 만군의 여호와의 말씀에 네가 만일 내 도를 행하며 내 규례를 지키면 네가 내 집을 다스릴 것이요 내 뜰을 지킬 것이며 내가 또 너로 여기 섰는 자들 가운데에 왕래하게 하리라(스가랴 3:7)

그런 의미에서 여호수아는 단순히 한 개인이 아니라 징표였고, 장차 오실 여호와의 종이자 줄기에서 날 그 '싹'을 대신하는 인물이었습니다. 그래서 스가랴 6장은 여호수아를 그 싹을 대신하는 인물로 보여 주면서, 대관식에서 보좌에 앉은 왕 옆에 제사장이 서 있고 그 둘 사이에 평화가 있다고 예고합니다.

스룹바벨을 통해 성전이 건축되고 그가 여호수아 옆에서 여호와를 섬김으로 이 싹의 즉각적인 성취는 이루어집니다. 하지만 제사장과 다윗 왕조 지도자 사이의 화평한 관계는 하나님이 백성 가운데 거하신다는 가시적 증표인 성전을 견고히 세워 백성에게 평화를 안겨 줌으로써 완성되어 갈 것입니다. 이는 궁극적으로 예수 그리스도가 이루실 일입니다. 예수 그리스도가 성전인 몸을 입고 오셔서 자신을 희생하심으로 하나님과 우리의 관계를 화목하게 하시고, 우리를 죄로부터 정결케 하셔서 우리가 여호와의 임재 앞에 설 수 있도록 하시기 때문입니다.

우리는 스룹바벨에게서 소망을 찾지 않습니다. 우리는 스룹바벨의 가장 위대한 아들, 스룹바벨 자신이 가리켰던 분, 바로 예수 그리스도를 바라봅니다. 예수님도 스룹바벨처럼 사람들이 보기에는 그리 대단한 존재가 아니셨습니다. 존중받을 만한 이 세상 지위도 없으셨습니다. 오히려 그분은 자기를 낮추어 종의 형체를 입으셨고, 더 낮아져서 십자가에 달려 죽으십니다.

십자가에 달린 예수님은 하나님에게서 끊어지고 완전히 버림받으셨으므로 하나님이 택하신 종 스룹바벨보다는 오히려 버림받은 왕 여호야긴에 더 가까워 보입니다. 십자가 주변에 있던 자들은 예수님을 조롱하며 하나님이 그를 버렸다고 생각했고, 그래서 예수님을 향해 만약 선택된 하나님의 아들이라면 스스로 구원해 보라고 외칩니다. 예수님은 실제로 십자가에서 아버지에게 버림받으셨고 그 저주 아래에서 부르짖으셨습니다. "나의 하나님, 나의 하나님 어찌하여 나를 버리셨나이까"(마태복음 27:46). 하지만 잠시 버림받으신 그 이면에는 결코 깨질 수 없는 영원한 약속이 있었습니다. 하나님은 다윗의 자손을 택하셔서 이방의 빛이 되게 하시고 그의 백성에게 구원을 베푸십니다. 이사야의 고백처럼, 예수께서 받으신 저주는 우리가 받아야 할 저주였고, 그 저주를 몸소 감당하심으로써 우리를 그 저주에서 영원히 자유케 하셨습니다.

3부

성/경/나/눔

유배기

한눈에 보기

북왕국 이스라엘이 먼저 앗수르에게 멸망하고 이어서 남왕국 유다도 바벨론에 멸망하면서 바벨론 유배기가 시작됩니다. 첫 포로가 잡혀간 지 수십 년 후에 바사 왕 고레스는 성전을 재건하라고 유대인들을 돌려보냅니다. 이것은 하나님의 약속이 성취된 것이며, 이때 돌아온 하나님 백성은 학개와 스가랴 선지자를 통해 받은 하나님 말씀에 따라 무너진 성전을 재건합니다.

선지자들이 촉구한 성전 재건의 의미는 단순히 건물 재건축이나 종교 행위의 부활이 아니었습니다. 하나님이 자기 백성 가운데 다시 거하신다는 뜻이었습니다. 특히 학개서는 총독 스룹바벨에 주목하면서 다음 같은 결론을 선포합니다. "너는 유다 총독 스룹바벨에게 말하여 이르라 내가 하늘과 땅을 진동시킬 것이요 여러 왕국들의 보좌를 엎을 것이요 여러 나라의 세력을 멸할 것이요 그 병거들과 그 탄 자를 엎드러뜨리리니 말과 그 탄 자가 각각 그의 동료의 칼에 엎드러지리라 만군의 여호와가 말하노라 스알디엘의 아들 내 종 스룹바벨아 여호와가 말하노라 그날에 내가 너를 세우고 너를 인장으로 삼으리니 이는 내가 너를 택하였음이니라 만군의 여호와의 말이니라 하시니라"(학개 2:21-23). 스룹바벨은 사람들 보기에 볼품없고 다윗의 자손 중에서 버려진 가문의 후손이었지만, 오히려 학개는 스룹바벨의 그런 모습을 통해서 하나님이 다윗과 그의 후손에게 하신 약속이 여전히 유효하다는 소망의 메시지를 전합니다.

학개 선지자처럼 스가랴 선지자도 성전 재건에 관한 메시지를 전합니다. 특히 스가랴는 여호와 앞에 더러운 옷을 입고 서 있는 대제사장 여호수아의 환상을 보는데, 하나님은 누가 봐도 백성의 중재자로서 자격이 없어 보이는 여호수아의 더러운 옷을 벗기시고 정결한 관을 씌우시고 깨끗한 옷을 입히십니다. 이는 아론과 그의 아들들이 금송아지 우상을 섬겼음에도 하나님이 그들을 정결케 하시고 옷을 입히셨던 것과 같습니다. 하나님은 여호수아가 계명을 지키면 그가 여호와의 집을 다스리고 하늘에 속한 천사들과 왕래할 것이라고 말씀하심으로 유배기 이전의 제사장들에게 주신 것보다 더 큰 권위를 대제사장에게 주십니다. 하지만 그 모든 일은 궁극적으로 예수 그리스도가 이루실 일입니다. 예수 그리스도가 총독 스룹바벨처럼, 대제사장 여호수아처럼 우리를 여호와의 임재 앞에 설 수 있도록 하실 것입니다.

성경수업 돌아보기

❶ 고대 이스라엘의 유배기를 간단히 정리해 봅시다. (성경수업 Lesson1)

북왕국 이스라엘
• 기원전 722년에 (   )에게 멸망당함

남왕국 유다
• 기원전 605년에 처음 항복. 이때 (   )이 포로로 잡혀감. 기원전 586년에 (   )이 함락당함

1차 귀환
• 고레스 왕의 등극. (   )와 (   ) 선지자의 권고로 성전 건축이 시작됨

2·3차 귀환
• 율법에 정통한 제사장 (   )와 뛰어난 행정가 (   )

❷ **"우리가 바벨론의 여러 강변 거기에 앉아서 시온을 기억하며 (   )"(시편 137:1)** 이 슬픔은 몰락의 원인이 (   ) 때문임을 깨닫는 슬픔이기에 소망의 씨앗을 품고 있었습니다. (성경수업 Lesson2)

❸ 학개 선지자는 이스라엘 백성에게 (   )을 강조하면서 세 가지 중요한 점을 확신해야 한다고 이야기합니다. (성경수업 Lesson3)

1 하나님이 (   )을 심판하시고 그의 (   )을 구원하려고 과거에 행하셨던 일

2 하나님 (   )를 세우시고 적들을 물리치시겠다는 (   )에 대한 약속

3 (   ) 안에서 현재 성취되고 있는 하나님 나라의 현실

❹ 학개는 사람들이 보기에 볼품없는 한 사내, ( )에게 주목합니다. 학개는 버림받은 그 모습을 의도적으로 뒤바꾸어 여호와의 ( )하심이 그에게서 회복될 것을 공포합니다. 이것은 하나님이 ( )을 새롭게 하신다는 말씀입니다. (성경수업 Lesson4)

❺ 스가랴는 대제사장 여호수아가 여호와 앞에서 더러운 옷을 입고 서 있는 환상을 봅니다. 사탄은 이 점을 이용해 대제사장 여호수아를 고발하려 하지만 하나님이 사탄을 꾸짖으십니다. 이는 하나님이 예루살렘을 향한 ( )을 신실하게 지키신다는 것에 근거한 책망입니다. (성경수업 Lesson5)

❻ 스가랴 6장에 등장하는 "싹"의 즉각적인 성취는 ( )을 통해 성전이 건축되고 그가 ( ) 옆에서 여호와를 섬김으로 이루어집니다. 이것은 또한 궁극적으로 ( )가 이루실 일이기도 합니다. 성전인 몸을 입고 오셔서 자신을 희생하심으로 하나님과 우리의 관계를 ( )하게 하시고, 우리를 죄로부터 정결케 하셔서 우리가 여호와의 ( ) 앞에 설 수 있도록 하시기 때문입니다. (성경수업 Lesson5)

정답

1. 앗수르, 다니엘, 예루살렘, 학개, 스가랴, 에스라, 느헤미야 2. 울었더라, 죄 3. 미래를 향한 소망, 악인, 백성, 나라, 미래, 그리스도 4. 스룹바벨, 보호, 언약 5. 언약 6. 스룹바벨, 여호수아, 예수 그리스도, 화목, 임재

나눔

질문

❶ 하나님의 말씀을 읽을 때 그 말씀이 주는 찔림을 경험한 적이 있나요?

❷ 학개와 스가랴 선지자는 하나님이 장차 위대한 일을 행하실 것임을 선포하며 이스라엘 백성에게 희망을 전합니다. 한 주간의 성경통독을 통해 내가 발견한 소망의 메시지를 나누어 봅시다.

❸ 예수님이 하나님과 우리의 관계를 화목케 하시고 우리의 죄를 정결케 하셔서 우리는 여호와의 임재 앞에 설 수 있게 되었습니다. 하나님과 화목하고 정결한 한 주간을 살기 위해서 내가 실천할 수 있는 것들을 나누어 봅시다.

기도로 함께 소망하며

❶ 성경 말씀에 기초해, 찬양과 감사의 기도를 드립니다.

시온의 딸아 크게 기뻐할지어다 예루살렘의 딸아 즐거이 부를지어다
보라 네 왕이 네게 임하시나니 그는 공의로우시며 구원을 베푸시며 겸손하여서
나귀를 타시나니 나귀의 작은 것 곧 나귀 새끼니라
스가랴 9:9

❷ 일상의 변화를 소망하며, 회개와 결단의 기도를 드립니다.

❸ 서로를 위해, 또 교회를 위해 기도합니다.

하나님을 향한 찬양

시편 125편

여호와를 의지하는 자는
시온 산이 흔들리지 아니하고 영원히 있음 같도다
산들이 예루살렘을 두름과 같이
여호와께서 그의 백성을 지금부터 영원까지 두르시리로다
악인의 규가 의인들의 땅에서는 그 권세를 누리지 못하리니
이는 의인들로 하여금 죄악에 손을 대지 아니하게 함이로다
여호와여 선한 자들과 마음이 정직한 자들에게 선대하소서
자기의 굽은 길로 치우치는 자들은
여호와께서 죄를 범하는 자들과 함께 다니게 하시리로다
이스라엘에게는 평강이 있을지어다

7

에스라, 느헤미야, 에스더

성경읽기 에스라 1-10장, 느헤미야 1-13장, 에스더 1-10장

성경수업 다양한 삶이 하나님의 역사로 어우러지다

성경나눔

에스라, 느헤미야, 에스더에 들어가며

바벨론 유배기는 이스라엘 백성에게 슬픔과 회개의 시기였습니다. 지나간 과오를 애통하는 마음으로 돌아보고 회개하며 새로운 장래를 바라보는 때였지요. 동시에 이 시기의 이스라엘은 세상 속에서 하나님의 백성으로 살아가야 하는 과제를 안고 있었습니다. 이런 면에서 에스라, 느헤미야, 에스더는 하나님 백성이 살아가는 다양한 삶의 모습을 보여 줍니다.

이번 주에는 에스라, 느헤미야, 에스더를 통독하면서, 성경수업을 통해 이들의 다양한 삶의 방식이 어떻게 조화롭게 사용되어 하나님의 목적을 이루어 가는지 살펴보겠습니다.

리딩지저스 영상

안내

리딩지저스 2권 7강: 에스라, 느헤미야, 에스더

QR코드를 찍으면 '에스라, 느헤미야, 에스더' 리딩지저스 영상으로 바로 연결됩니다. 또는 유튜브에서 '리딩지저스 에스라, 느헤미야, 에스더'를 검색하여 시청할 수 있습니다. '성경읽기'와 '성경수업'을 시작하기 전에 리딩지저스 영상을 시청하면 도움이 됩니다.

1부 | 성/경/읽/기

QR코드를 찍으면 **리딩지저스 오디오 바이블**로 연결됩니다. 45주 성경통독 일정에 맞추어 제작된 **오디오 바이블**을 통해 매일의 성경통독 분량을 부담 없이 완독할 수 있습니다. 그리스도 중심 성경읽기 《리딩지저스》와 함께하는 성경통독을 통해 하나님과 동행하는 하루하루가 되기를 소망합니다.

이번 주 성경읽기 스케줄

주일	리딩지저스 영상 시청, 성경수업 읽기			
	기본 읽기		핵심 읽기	
월	스 1-5장	완독	스 1장	
화	스 6-10장		스 9장	
수	느 1-6장		느 2장	
목	느 7-13장		느 9장	
금	에 1-5장		에 4장	
토	에 6-10장		에 7장	

1일차 회복된 언약 백성의 정체성

기본 읽기 에스라 1-5장
핵심 읽기 에스라 1장

열왕기와 역대기는 이스라엘이 언약 백성이라는 정체성을 포기하자, 하나님이 율법을 통해 예고하셨던 심판이 이루어지는 모습으로 끝납니다. 그러나 하나님은 자기 백성을 잊지 않으십니다. 에스라 1장은 바벨론을 무너뜨린 바사 왕국 고레스 왕이 조서를 내려 유다 백성을 자기들 땅으로 돌아가게 하는 장면으로 시작합니다. 스룹바벨의 인도로 예루살렘에 돌아온 이스라엘 백성은 성전을 다시 지으려 하지만, 성전 건축을 방해하는 무리로 인해 공사는 꽤 긴 시간 중단됩니다. 선지자 학개와 스가랴가 성전 건축을 위해 백성을 독려하고, 스룹바벨은 왕에게 공사 재개를 청원합니다. 이제 회복의 조짐이 보이기 시작합니다.

2일차 에스라의 헌신

기본 읽기 에스라 6-10장
핵심 읽기 에스라 9장

스룹바벨의 상소를 받은 바사 왕 다리오는 성전 건축 재개를 허락하는 칙령을 내리고, 성전은 우여곡절 끝에 완공됩니다. 또한 학사 에스라가 하나님의 말씀을 가르치기로 결심하고 예루살렘으로 돌아옵니다. 비로소 언약 백성의 정체성이 회복되기 시작합니다. 에스라는 이스라엘 백성에게 율법을 가르치고 다시 언약을 선포하여 그들이 언약 백성이라는 정체성을 회복하도록 이끕니다. 이를 위해 에스라가 추진한 일은 일찍이 하나님이 금지하셨던 일, 곧 우상을 숭배하는 다른 민족과 결혼한 사람들의 혼인을 물리고, 하나님께 속건제를 드리는 것이었습니다. 에스라서는 이스라엘이 하나님 앞에서 결단하는 모습을 보여 주며, 또 다른 기대를 품게 하며 끝납니다.

3일차 총독 느헤미야

기본 읽기 느헤미야 1-6장
핵심 읽기 느헤미야 2장

이스라엘이 조금씩 자기 정체성을 찾아 갈 무렵, 바사 궁전에서 왕을 섬기던 느헤미야는 하나님의 감동하심에 힘입어 예루살렘에 총독으로 부임합니다. 느헤미야는 왕에게 간청하여 예루살렘 성을 재건하는 일을 맡습니다. 느헤미야는 예루살렘 성 주변을 꼼꼼히 시찰하고 유다 백성과 함께 성벽을 중수하기 시작합니다. 이번에도 그 지역의 다른 민족들이 이스라엘을 방해하지만, 느헤미야는 단호했습니다. 느헤미야는 가난한 동포를 위해 총독의 봉급을 받지 않기로 하는 결단력과 리더십을 보이며 뚝심 있게 성벽 재건을 추진해 갑니다. 물론 모든 일이 순조롭게 풀리지는 않았으나 효율적으로, 또 상황에 맞추어 성벽을 중수해 가는 느헤미야의 모습에서 탁월한 리더의 면모를 확인할 수 있습니다. 이렇게 하여 성벽 공사가 52일 만에 끝나고, 예루살렘은 안전하게 살 수 있는 터전이 됩니다.

4일차 회개하며 회복하며

기본 읽기 느헤미야 7-13장
핵심 읽기 느헤미야 9장

성벽이 세워지자 느헤미야는 백성이 하나님 말씀 앞에 다시 서도록 돕습니다. 학사 에스라가 수문 앞 광장에서 율법을 읽자 백성은 크게 기뻐하고, 동시에 자신과 조상의 죄를 하나님 앞에 토하며 크게 부르짖습니다. 이렇게 회개 운동이 크게 일어난 후, 느헤미야와 레위 사람들과 제사장들은 다시 하나님 앞에서 언약을 세우기로 서명합니다. 언약에 참여한 사람들의 긴 명단은 당시 이스라엘 공동체의 결연한 의지가 어떠했는지를 생생하게 전합니다. 느헤미야서는 회개 운동이 일어나고 성벽을 봉헌하여 백성의 풍속을 개혁하는 것으로 마무리됩니다. 이처럼 진정한 회개는 잘못을 뉘우치고 돌이켜 회복하는 것까지를 포함합니다.

5일차 에스더와 모르드개, 그리고 하만

기본 읽기 에스더 1-5장
핵심 읽기 에스더 4장

에스더서는 굉장히 독특한 책입니다. 에스더서 전체에는 '하나님'이라는 단어가 등장하지 않습니다. 그러나 에스더와 그를 딸처럼 양육한 모르드개의 삶을 들여다보면 하나님이 자기 백성을 어떻게 보살피시는지를 아주 흥미롭게 살펴볼 수 있습니다. 에스더 이야기는 아하수에로 왕이 벌인 잔치에서 왕비가 갑작스레 폐위당하는 것으로 시작합니다. 에스더가 간택되어 바사의 새로운 왕비가 되었으나, 모르드개는 정체를 숨기고 늘 그랬듯이 성문 앞에 앉아 있습니다. 당시 바사의 권력자인 하만은 다른 사람과 달리 자신에게 허리를 굽히지 않는 모르드개와 그의 민족을 제거할 계획을 세웁니다. 이 사실을 알게 된 모르드개는 에스더에게 이스라엘 민족을 위해 기도해 달라고 강력하게 요청합니다. 에스더는 왕에게 나아가 잔치를 베풀려 한다며 그 자리에 왕과 하만을 초대합니다. 모르드개와 유대인의 앞날은 어떻게 될까요?

6일차 에스더를 통해 이스라엘을 구원하시는 하나님

기본 읽기 에스더 6-10장
핵심 읽기 에스더 7장

하만이 자기 집에 교수대를 만든 날 밤, 왕은 잠이 오지 않아서 궁중 실록을 펼칩니다. 그리고 자신을 시해하려던 내시들의 음모를 모르드개가 밝혀서 자신의 목숨을 구했다는 사실을 발견합니다. 한편, 하만은 모르드개와 그 민족을 죽이려고 왕에게 허락을 구하러 궁으로 들어옵니다. 그런 하만에게 왕은 모르드개를 존귀하게 하라고 명령합니다. 이에 하만은 좌절하고, 엎친 데 덮친 격으로 에스더 왕비의 잔치에서 하만의 살해 음모가 드러납니다. 하만은 모르드개를 목매달아 죽이려 했던 나무에 도리어 자신이 매달리고 맙니다. 온 나라에 내려졌던 유대인 학살령도 철회되어 유대인은 죽음에서 벗어납니다. 에스더서는 섬세하게 자기 백성을 인도하시는 하나님을 보여 줍니다.

2부

성/경/수/업

다양한 삶이
하나님의 역사로
어우러지다

후에 그들에게 이르기를
우리가 당한 곤경은 너희도 보고 있는 바라
예루살렘이 황폐하고 성문이 불탔으니
자, 예루살렘 성을 건축하여
다시 수치를 당하지 말자 하고
또 그들에게 하나님의 선한 손이
나를 도우신 일과 왕이 내게 이른 말씀을
전하였더니 그들의 말이 일어나 건축하자 하고
모두 힘을 내어 이 선한 일을 하려 하매

느헤미야 2장 17-18절

Lesson 1 순종과 섭리로 살아가는 하나님 백성

다니엘과 에스더의 삶의 방식

다니엘과 에스더 이야기는 하나님을 믿지 않는 세상 속에서 하나님을 믿는 백성으로 살아가는 여러 방식을 보여 줍니다. 먼저, 다니엘과 세 친구는 정직과 신실함으로 세상을 이기는 법을 보여 주면서 믿음을 저버리느니 차라리 죽는 편이 낫다고 가르칩니다.

> 왕이여 우리가 섬기는 하나님이 계시다면 우리를 맹렬히 타는 풀무불 가운데에서 능히 건져 내시겠고 왕의 손에서도 건져 내시리이다 그렇게 하지 아니하실지라도 왕이여 우리가 왕의 신들을 섬기지도 아니하고 왕이 세우신 금 신상에게 절하지도 아니할 줄을 아옵소서
> (다니엘 3:17-18)

느부갓네살 왕의 위협과 대적들의 공격 앞에서도 다니엘과 세 친구는 하나님께 순종하면 하나님이 선한 자들을 결국 승리하게 하신다는 사실을 증명합니다.

다니엘서가 순종을 통한 승리를 보여 준다면, 에스더서는 하나님의 섭

에스더는 다니엘처럼 유대 율법에 맞는 음식을 요구하지도, 하루 세 번씩 기도하며 자기 믿음을 드러내지도 않았습니다. 그런데 이렇게 여린 유대인 소녀가 어떻게 그토록 **용감하게 행동**할 수 있었을까요?

리를 통한 승리를 보여 줍니다. 에스더는 왕궁에 거하는 동안 다른 이방 후궁들과 비슷하게 살았을 것입니다. 그가 왕의 눈에 띈 이유는 그의 거룩함이 아니라 아름다움 때문이었습니다. 에스더는 다니엘처럼 유대 율법에 맞는 음식을 요구하지도, 하루 세 번씩 기도하며 자기 믿음을 드러내지도 않았습니다. 그런데 이렇게 여린 유대인 소녀가 어떻게 그토록 용감하게 행동할 수 있었을까요? 바로 하나님의 섭리 때문이었습니다. 다니엘서에는 하나님 이름이 어디에나 등장하지만, 에스더서에는 한 번도 나오지 않습니다. 하지만 사람들 눈에는 보이지 않아도 하나님은 언제나 에스더의 삶에서 일하고 계셨습니다. 에스더서에서 주목할 중요한 전환점은 사소한 일들입니다. 왕이 밤에 잠을 이루지 못합니다.

> 그 날 밤에 왕이 잠이 오지 아니하므로 명령하여 역대 일기를 가져다가 자기 앞에서 읽히더니(에스더 6:1)

그런데 이 일이 계기가 되어 모르드개가 높아지고 이스라엘의 대적인 하만이 몰락합니다. 이것이 우연일까요? 겉으로는 그렇게 보이지만, 이 세상에 우연이 없음을 우리는 잘 압니다. 왕이 밤에 잠이 안 와서 역대 일기를 읽은 것, 그때 그가 읽은 내용이 바로 왕을 암살하려는 음모를 모르드개가 고발했던 내용인 것, 그 일로 모르드개가 상을 받지 못했던 것, 그래서 왕이 모르드개를 어떻게 존귀하게 할지 하만에게 물은 것 등 이 모든 일은 절대 우연이 아니었습니다. 모든 역사를 주관하시는 하나님이 그분을 사랑하는 자를 위해 그분의 목적대로 일하십니다. 모르드개가 에스더에게 말한 내용에 그 핵심이 들어 있습니다.

> …네가 왕후의 자리를 얻은 것이 이때를 위함이 아닌지 누가 알겠느냐(에스더 4:14)

그의 말을 듣고 에스더가 바른 결정을 내린 것 같지만, 사실 이후의 모든 일은 에스더 자신이 바른 결단을 내려서 일어난 것이 아니었습니다. 이는 하나님이 보이지 않게 은밀히 역사하셨기 때문입니다. 이것이 에스더서가 전하는 중심 교훈입니다. 겉으로 보이지 않아도 만사를 주관하고 다스리시는 하나님의 섭리 아래 우리 삶은 지금도 이루어지고 있습니다.

Lesson 2 대적에 둘러싸여 기도로 시작하다

기도의 사람,
느헤미야

유배기 시대 믿음의 영웅으로 느헤미야를 빼놓을 수 없습니다. 느헤미야는 그를 따르는 사람도 많았지만 그를 싫어하는 대적도 항상 있었습니다. 그는 아닥사스다 왕의 절대적 신임을 얻고 이스라엘 백성을 권고하여 예루살렘 성벽 재건을 이끌었지만, 동시에 대적하는 무리에 언제나 둘러싸여 있었습니다. 유대인 공동체에서도, 이방인 중에도 그에게는 늘 적이 있었습니다.

이런 배경 속에서 느헤미야서는 가장 먼저 그를 기도의 사람으로 묘사하며 시작합니다. 예루살렘에서 일어나는 개탄스러운 일들을 전해 들은 느헤미야는 슬피 울면서 하나님 앞에 금식하며 기도합니다. 그는 오늘날 우리처럼 현실적이고 구체적으로 기도합니다. "주님, 우리가 지금 처한 이 모든 어려움을 이미 다 아시는 줄 믿습니다! 지금 병상에 누워 있는 아무개 형제를 낫게 해 주세요"라는 식의 기도였습니다.

하지만 느헤미야의 기도는 그보다 훨씬 더 많은 것을 내포합니다. 그의 기도는 열왕기상 8장에 묘사된 솔로몬의 성전 봉헌 기도에 근거한 기도였습니다. 성경 저자는 솔로몬의 봉헌 기도에 나오는 숫자와 기타 세부 사항을 언급하며 두 기도를 의도적으로 연결합니다. 즉 느헤미야를 단순히 기도의 사람으로만 묘사하지 않고 솔로몬의 기도를 하는 사람으로 보여 줍니다. 솔로몬이 드렸던 봉헌 기도를 느헤미야가 성취했다는 뜻입니다. 또한 느헤미야가 드리는 기도에 담긴 회개하는 마음과 태도는, 하나님이 솔로몬에게 약속하셨던 기도의 응답이라 할 수 있습니다.

> 내 이름으로 일컫는 내 백성이 그들의 악한 길에서 떠나 스스로 낮추고 기도하여 내 얼굴을 찾으면 내가 하늘에서 듣고 그들의 죄를 사하고 그들의 땅을 고칠지라(역대하 7:14)

이 기도와 함께 성경 저자는 느헤미야가 예루살렘 성벽 재건에 착수하는 모습을 보여 줍니다. 예루살렘 성벽 재건은 단순한 건축 과업이 아니라 거룩한 전쟁이었습니다. 그래서 대적들이 음모를 꾸밀 때 느헤미야는 백성에게 두려워하지 말라고 권면하면서 여호와가 그들을 위해 싸우실 것이라고 일러 줍니다. 이에 백성은 싸울 필요조차 없었습니다. 하나님이 개입하셔서 원수들이 스스로 혼란에 빠지도록 하실 것이기 때문입니다. 이 모두가 거룩한 전쟁의 전형적인 형태입니다.

Lesson 3 공동체를 다시 세우다

의로운 왕의 본보기, 느헤미야

느헤미야는 의로운 왕이 마땅히 보여야 할 모습을 보입니다. 그는 사람들의 마음을 북돋아 하나님을 신뢰하도록 하고, 승리가 여호와께 속하였다고 인정하게 합니다. 그에게는 단순히 성벽 재건의 책임만이 아니라, 공평한 공동체를 세워야 하는 더 어려운 임무가 있었습니다. 느헤미야 5장은 그를 공의로운 통치자, 가난하고 어려운 자들을 핍박자에게서 보호하는 의로운 왕 같은 인물로 묘사합니다.

이를 위해 느헤미야가 유다에서 해야 할 일은 수없이 많았습니다. 원수들로부터 예루살렘을 지키기 위해 특별한 대책을 세우는 것은 물론이고 성벽도 재건해야 했습니다. 추수 때가 이르면 일할 사람이 모자랐고, 유다 공동체에서 가장 가난한 사람들은 자녀를 노예로 팔아야 하는 위기에도 처했으며, 이를 해결하기 위해 그들은 소유한 땅까지 처분해야 했습니다. 느헤미야는 이런 모든 상황을 해결하기 위해 바로 행동에 나섭니다. 그는 총독으로서 백성에게 세금을 받을 권한이 있었는데도 개인적으로 이득을 취하지 않았을뿐더러 백성에게 무거운 과세를 하지 못하게 했습니다. 그는 백성 위에 군림하지도 돈을 추구하지도 않았습니다.

느헤미야는 의로운 왕의 모습을 보입니다. 그에게는 성벽 재건만이 아니라, 공평한 공동체를 세워야 하는 더 힘든 임무가 있었습니다. 성경 저자는 그가 **완벽한 왕**에게나 기대할 만한 수준으로 백성을 이끌었다고 묘사합니다.

당시 유다 왕들은 성전 의식에 관여할 권한도 있었기 때문에 느헤미야는 제사 의식도 개혁합니다. 이전에 다윗이 그랬듯이 성벽 봉헌식 날의 백성 행렬을 정비하고 노래하는 자들을 지정합니다. 성벽 봉헌식을 묘사한 내용을 보면 마치 과거로 돌아간 듯한 느낌을 줍니다. 다윗이 예루살렘으로 언약궤를 들여오던 날, 솔로몬이 성전을 봉헌하던 날, 히스기야가 성전을 정결하게 하던 날, 그때처럼 레위인들은 비파와 수금과 제금을 연주하고 제사장들은 나팔을 불고 노래하는 자들은 기쁨의 노래를 부릅니다. 하지만 느헤미야는 자신의 위치를 넘지 않고 겸손히 백성 속에 들어가 레위인의 인도를 따라 노래하면서 제사장 에스라가 봉헌식을 인도하는 것을 지켜봅니다.

또한 느헤미야는 백성이 하나님의 계명을 지키겠다는 서약을 하도록 주도합니다. 서약(느헤미야 10장)은 실질적 과제에 초점을 맞추는데, 이방 백성과의 혼인을 금하는 것, 안식일을 지키는 것, 성전에 필요한 물품과 성전을 섬기는 자들을 위해 공급하는 것 등이었습니다. 이런 규율이 단지 이론적 관심사가 아니라는 것은 서약을 지키지 않은 백성을 벌하는 모습(느헤미야 13장)을 통해 나타납니다. 느헤미야는 마치 새로운 왕이 개혁을 하고 언약을 갱신하듯이 8-10장에서 언약을 갱신합니다. 이는 하나님을 경외하는 경건한 왕 같은 모습입니다. 한마디로 성경 저자는 느헤미야가 완벽한 왕에게나 기대할 수 있는 최고 수준으로 백성을 이끌어 가고 있다고 묘사합니다.

Lesson 4 느헤미야를 왕처럼 묘사한 까닭

하나님 나라의 가능성

그렇다면 성경은 왜 왕이 아닌 느헤미야를 왕처럼 묘사할까요? 성경 저자는 느헤미야가 다윗의 계보를 잇는 왕이라거나 그런 왕이어야 한다고 주장하지 않습니다. 느헤미야가 다윗의 계보에 속한 자손이라는 명확한 증거도 없습니다. 오히려 그는 자신을 왕으로 삼으려던 자들과 손잡기를 거부합니다. 에스라서와 느헤미야서 저자는 다윗 혈통에는 관심이 전혀 없습니다. 그런데 저자는 왜 느헤미야를 왕처럼 묘사할까요? 독자에게 어떤 메시지를 전달하고 싶은 것일까요?

첫째로, 느헤미야를 왕처럼 묘사해 유배기 이전 최고의 왕을 떠올리게 하여서 이를 통해 백성이 연속성을 느끼도록 합니다. 이스라엘 백성과 그 공동체 제도가 바벨론 유배기 이전부터 이어져 내려왔다는 확신을 심어 주려고 합니다. 즉 전성기에 통치했던 경건한 왕들의 명맥이 완전히 끊어지지 않았으며, 그 영적 후손이 자리를 굳건히 지키고 있음을 알려 줍니다.

둘째로, 역대기를 관통하는 권선징악 신학에 따르는 보다 심오한 의미에서, 느헤미야처럼 하나님을 올바로 경외하는 왕은 하나님에게서 오는 가시적인 복을 기대하도록 합니다. 이런 축복은 대개 많은 자손, 성공적인 건축, 강한 군사력, 전쟁의 승리, 종교 개혁과 바른 가르침을 포함합니다. 또한 이방 나라들이 두려워하며 조공을 바치고 안식과 형통을 누리는 복을 포함합니다. 하지만 느헤미야서를 살펴보면 유다 백성은 앞서 언급한 복 중에 극히 일부만을 경험할 뿐입니다. 그러나 그 이유가 에스라와 느헤미야가 소극적이었다거나 그들이 바사 왕의 통치하에 만족했기 때문은 아니었습니다. 오히려 느헤미야서의 전반적 어조는 하나님이 바사 왕국의 군왕들을 통해 이미 행하신 일들에 감사하면서, 아직 이루어지지 않은 미래를 인내로 기다리며 소망하라는 것입니다. 그래서 죄-회개-구원의 반복적 모습은 느헤미야 9장에 나오는 회개를 통해 끝이 납니다. 장차 올 구원의 필요성과 가능성을 인식하는 것을 보여 주면서 말이죠.

따라서 종말론적 시각을 가진 백성은 하나님의 사랑의 언약이 하나님으로 말미암아 성취되는 날을 바라봅니다. 이것은 인간의 노력으로 가능한 일이 아닙니다. 느헤미야처럼 하나님을 경외하는 지도자마저도 백성에게 온전한 안식을 가져다줄 수는 없습니다. 오직 하나님이 친히 개입하셔서 역사하실 때만 이루어집니다. 아브라함의 경우에도 그랬고, 출애굽 때도 그랬고, 가나안 땅을 정복할 때도 마찬가지였습니다. 이러한 상황에서 백성이 마땅히 할 일은 그날을 바라보면서 끝까지 하나님의 율법에 순종하며 인내하는 것입니다.

느헤미야와 에스라 리더십의 차이

느헤미야는 자주 리더십의 대표 모델로 여겨집니다. 여기서 우리가 놓치지 말아야 할 점은 하나님이 다양한 사람을 사용하셔서 공동체를 세워 가신다는 사실입니다. 먼저 느헤미야의 방식을 봅시다. 예루살렘 성이 무너지고 성문이 불탔다는 처참한 소식을 듣게 된 느헤미야는 예루살렘 지도자들이 도와 달라고 요청할 때까지 기다리지 않습니다. 즉시 왕에게 나아가 성읍을 직접 건축하게 해 달라고 허락을 구하고, 왕이 허락하자 이를 행할 권한과 필요한 것을 공급할 수 있도록 왕의 조서까지 요청합니다. 물론 그를 방해하는 사람들이 계속 나타나고 어디를 가든 갈등과 분쟁이 뒤따르는 바람에 예루살렘에 도착한 그를 아무도 도우려 하지 않습니다. 하지만 그는 모든 분쟁의 중심에서, 또한 최전방에서 대쪽같이 또 거침없이 선한 싸움을 싸웁니다. 그는 마치 왕이나 영웅 같습니다.

반면에 에스라의 리더십은 느헤미야의 리더십과 매우 다릅니다. 그는 제사장이자 하나님의 율법을 가르치는 선생으로서 공동체와 함께 공동체를 통해서 개혁하는 사람이었습니다. 드러나지 않게 무대 뒤에서 목적을 이루어 가는 지도자였기에 그는 즉각 행동을 취하거나 맨손으로 세상을

에스라는 제사장이자 하나님의 율법을 가르치는 선생으로서 공동체와 함께 공동체를 통해서 개혁하는 사람이었습니다. **드러나지 않게 무대 뒤에서** 목적을 이루어 가는 지도자였기에 그는 즉각 행동을 취하거나 맨손으로 세상을 변화시키려 하지 않았습니다.

변화시키려 하지 않습니다.

에스라와 느헤미야의 이런 차이는 이방 여인과의 혼인 문제를 해결하는 방식에서 극명하게 드러납니다. 에스라는 긍휼과 열정, 그리고 설득력 있는 기도로 문제를 해결합니다. 에스라는 가장 먼저 자기 옷을 찢고 머리털과 수염을 뽑으며 하나님 앞에 엎드려 회개하기 시작합니다. 그러자 백성의 지도자들이 회의를 소집하고 회개에 동참합니다. 그런 후에 에스라가 아내로 맞이했던 이방 여인들을 떠나 보내라고 말하자, 백성은 에스라의 말에 근본적으로는 동의하면서도 현실적인 어려움을 토로합니다. 그리고 의견을 제시하고 협의하는 과정을 거치면서 백성은 스스로 이 문제를 해결합니다. 이러한 과정에서 하나님과 왕이 에스라에게 맡긴 역할은 율법을 백성에게 가르쳐서 하나님의 율법이 백성 가운데 스스로 역사하도록 하는 것이었습니다. 이는 느헤미야의 방식인 직접 대면이나 정면 돌파와는 사뭇 대조됩니다.

느헤미야와 에스라 중에 누가 더 낫다고 말할 수는 없습니다. 둘의 차이점은 분명하지만, 하나님은 두 사람을 모두 부르시고 사용하셨습니다. 하나님은 모든 사람을 사용해서 그분의 목적을 이루어 가시며, 심지어 그들의 결점까지도 사용하십니다. 조용하게 합의를 끌어내는 학자형 에스라도, 자신만만하고 거침없는 현실적 느헤미야도 사용하십니다. 두 사람은 극과 극이라고 할 만큼 서로 다르지만, 두 사람 모두 부름받아 하나님의 계획 가운데서 각자에게 맞는 소중한 역할을 다합니다. 또한 하나님께 받은 은사를 사용하면서 동시에 자신이 가진 개인적 약점과도 씨름했습니다. 이렇듯 하나님은 공장에서 조립된 똑같은 사람들이 아니라 다양한 사람을 통해 다양한 방법으로 일하십니다.

READING JESUS

리딩지저스

: 그리스도 중심으로 읽는 에스라, 느헤미야, 에스더

느헤미야가 구약성경의 가장 훌륭한 왕처럼 그의 모든 것을 사용해서 하나님의 일을 이루었지만, 백성은 여전히 구원에 이르지 못합니다. 히브리식 구약성경의 마지막에 오는 에스라서와 느헤미야서와 역대기는 그보다 더 나은 분이 오신다는 큰 갈망을 우리에게 심어 줍니다. 느헤미야처럼 거침이 없되 에스라처럼 온유하신 분, 느헤미야처럼 단도직입적이면서도 에스라처럼 섬세하신 분, 이 모든 면이 완벽하게 조화를 이룬 단 한 분, 예수님을 바라보게 합니다. 그분은 채찍을 들어 성전을 정결하게 하셨지만, 탕자 같은 예루살렘 성을 바라보며 어머니의 마음으로 눈물을 흘리셨습니다. 종교적으로 겉치레하는 바리새인들을 꾸짖으셨지만, 세리와 죄인들의 친구로 불리셨습니다. 그분 안에서 유다의 사자와 하나님의 어린 양이 하나 되고, 그분 안에서 하나님의 인자와 공의가 온전한 균형과 조화를 이룹니다. 느헤미야서와 에스라서는 두 선지자를 닮으라고 하지 않고, 그들이 가리키는 예수 그리스도를 바라보라고 합니다.

3부

성/경/나/눔

에스라, 느헤미야, 에스더

한눈에 보기

바벨론 유배기는 이스라엘 백성에게 슬픔과 회개의 시기였습니다. 지나간 과오를 돌아보고 회개하면서 새로운 장래를 바라보며 기대하는 때였습니다. 하지만 그들에게는 이 세상 안에서 살아가야 하는 현실적 과제 또한 있었습니다. 그런 면에서 다니엘과 에스더, 느헤미야와 에스라는 삶의 다양한 모습을 보여 줍니다. 곧 삶의 현장은 같아도 삶의 방식은 다양함을 말이죠.

우선 다니엘과 세 친구 이야기는 정직과 신실함으로 세상을 이기는 법을 보여 줍니다. 믿음을 저버리느니 차라리 죽는 편이 낫고, 순종하면 하나님이 승리하게 하신다고 가르쳐 줍니다. 반면에 에스더는 타협하며 살면서도 하나님의 섭리를 통해 승리하는 삶을 보여 줍니다. 그래서 다니엘서에는 하나님의 이름이 어디에나 등장하지만, 에스더서에는 한 번도 나오지 않습니다. 하지만 다니엘의 삶에서나 에스더의 삶에서나 하나님은 변함없이 일하고 계셨습니다.

느헤미야와 에스라 역시 대조적인 모습을 보입니다. 느헤미야는 의롭고 완벽한 왕 같은 리더십을 발휘합니다. 예루살렘 성이 무너지고 성문이 불탔다는 소식을 듣자 즉시 왕에게 나아가 성을 건축하게 해 달라고 허락을 구합니다. 대적자들을 계속 만나면서 갈등과 분쟁에 시달리지만, 그는 언제나 모든 분쟁의 최전방에 서서 대쪽같이 또 거침없이 선한 싸움을 싸웁니다. 곧 왕 같고 영웅 같은 모습입니다. 반면에 에스라는 매우 다릅니다. 그는 제사장이며 율법 선생으로서 공동체와 함께 공동체를 통해서 천천히 개혁해 나갑니다. 즉각 행동을 취하거나 맨손으로 세상을 변화시키려 하지 않고 그는 무대 뒤에서 조용히 목적을 이루어 갑니다. 느헤미야의 저돌적이고 행동하는 모습과 달리, 에스라는 긍휼과 회개로 이끌어 갑니다.

우리는 다니엘과 에스더, 느헤미야와 에스라 중에 누가 더 낫다고 말할 수 없습니다. 하나님은 그들 모두를 부르시고 사용하셨기 때문입니다. 하나님은 모든 사람을 사용해서 그분의 목적을 이루어 가시며, 심지어 그들의 결점까지 사용하십니다. 여기서 우리가 기억할 중요한 사실은 이들 중 누구도 예수님이 아니라는 점입니다. 오히려 성경은 우리에게 이들보다 더 나은 분이 오신다는 큰 갈망을 심어 줍니다. 그분은 채찍을 들어 성전을 정결하게 하셨지만, 탕자와 같은 예루살렘 성을 바라보며 어머니의 마음으로 눈물을 흘리셨습니다. 또 종교적으로 겉치레하는 바리새인들을 꾸짖으셨지만, 세리와 죄인들의 친구로 불리셨습니다. 그분 안에서 유다의 사자와 하나님의 어린 양이 하나 되고, 그분 안에서 하나님의 인자와 공의가 온전한 균형과 조화를 이룹니다. 다니엘, 에스더, 에스라, 느헤미야는 모두 그들이 가리키는 예수 그리스도를 바라보라고 우리에게 말하고 있습니다.

성경수업 돌아보기

❶ "너는 (　　　)에 있으니 모든 유다인 중에 홀로 목숨을 건지리라 생각하지 말라 이 때에 네가 만일 잠잠하여 말이 없으면 유다인은 다른 데로 말미암아 (　　　)과 (　　　)을 얻으려니와 너와 네 아버지 집은 멸망하리라 네가 (　　　)의 자리를 얻은 것이 이 때를 위함이 아닌지 누가 알겠느냐"(에스더 4:13-14)

❷ 느헤미야는 의로운 (　　　)이 마땅히 보여야 할 모습을 보여 줍니다. 특히 느헤미야 5장은 그를 가난하고 어려운 자들을 핍박자에게서 보호하는 (　　　) 같은 인물로 묘사합니다. 또한 그는 8-10장에서 (　　　) 같은 모습을 보여 줍니다. 이는 마치 새로운 왕이 개혁을 하고 언약을 하는 모습을 떠올리게 합니다. (성경수업 Lesson3)

❸ 죄-(　　　)-구원의 반복적 모습은 느헤미야 9장에 나오는 (　　　)를 통해 끝이 납니다. 장차 올 (　　　)의 필요성과 가능성을 인식하는 것을 보여 주면서 말이죠. 따라서 종말론적 시각을 가진 백성은 하나님의 사랑의(　　　)이 하나님으로 말미암아 (　　　)되는 날을 바라봅니다. (성경수업 Lesson4)

❹ 하나님은 공동체를 세워 가실 때 (   ) 사람들을 쓰십니다. 느헤미야와 에스라 중에 누가 더 낫다고 말할 수는 없습니다. 하나님은 모든 사람을 사용해서 그분의 목적을 이루어 가시며, 심지어 그들의 (   )까지도 사용하십니다. (성경수업 Lesson5)

❺ (   )식 구약성경의 마지막에 오는 에스라서와 느헤미야서와 역대기는 더 나은 분이 오신다는 큰 갈망을 우리에게 심어 줍니다. 느헤미야서나 에스라서는 두 선지자를 닮으라고 하지 않고, 그들이 가리키는 (   )를 바라보라고 합니다. (리딩지저스)

정답

1. 왕궁, 놓임, 구원, 왕후 2. 왕, 의로운 왕, 경건한 왕 3. 회개, 회개, 구원, 언약, 성취 4. 다양한, 결점 5. 히브리, 예수 그리스도

나눔
질문

❶ 하나님은 그분의 뜻을 이루어 가시며 심지어 나의 결점조차 사용하십니다. 이 같은 사실이, 현재 나의 삶과 가정, 믿음의 공동체 안에서 어떤 의미가 되는지 생각해 봅시다.

❷ 하나님은 다양한 사람들과 그들의 삶을 통하여 역사하십니다. 하나님은 나를 어떤 모습으로 부르셨고 어떻게 사용하고 계시나요?

❸ 구약 역사의 여러 사건과 인물을 통해 우리는 하나님이 자기 백성을 그리스도께로 섬세하게 인도하심을 확인합니다. 가장 기억에 남는 말씀을 되새기며 받은 은혜대로 한 주간을 살기 위해서 내가 실천할 수 있는 것들을 나누어 봅시다.

기도로 함께 소망하며

❶ 성경 말씀에 기초해, 찬양과 감사의 기도를 드립니다.

이스라엘아 여호와를 바랄지어다
여호와께서는 인자하심과 풍성한 속량이 있음이라
시편 130:7

❷ 일상의 변화를 소망하며, 회개와 결단의 기도를 드립니다.

❸ 서로를 위해, 또 교회를 위해 기도합니다.

하나님을 향한 찬양

시편 121편

내가 산을 향하여 눈을 들리라 나의 도움이 어디서 올까
나의 도움은 천지를 지으신 여호와에게서로다
여호와께서 너를 실족하지 아니하게 하시며
너를 지키시는 이가 졸지 아니하시리로다
이스라엘을 지키시는 이는 졸지도 아니하시고
주무시지도 아니하시리로다
여호와는 너를 지키시는 이시라
여호와께서 네 오른쪽에서 네 그늘이 되시나니
낮의 해가 너를 상하게 하지 아니하며
밤의 달도 너를 해치지 아니하리로다
여호와께서 너를 지켜 모든 환난을 면하게 하시며
또 네 영혼을 지키시리로다
여호와께서 너의 출입을
지금부터 영원까지 지키시리로다

내 이름으로 일컫는 내 백성이
그들의 악한 길에서 떠나
스스로 낮추고 기도하여 내 얼굴을 찾으면
내가 하늘에서 듣고 그들의 죄를 사하고
그들의 땅을 고칠지라

역대하 7장 14절

그림 목록

장	쪽	작품
5장	178-179, 193쪽	《양 떼와 목자 Sheep shepherd at Vistonida lake, Greece》 © Ggia
	190쪽	《우상에게 제사하는 여로보암 Jeroboam Sacrificing to Idols》, Jean-Honoré Fragonard
6장	210-211, 229쪽	《바벨론 강가에서 An den Wassern Babylons》, Gebhard Fugel
	213쪽	《유배되는 유대인 The Flight of the Prisoners》, James Tissot
	222쪽	《스룹바벨과 다리오 왕 Zorovavel and Darius》, Nikolaus Knüpfer
	226쪽	《이새의 나무 Tree of Jesse》, Holbein d. Ä., Hans
7장	246-247, 263쪽	《낡은 석벽 Dry stone walls by Carlton, North Yorkshire》 © Kreuzschnabel
	249쪽	《아하수에로 왕 앞으로 나서는 에스더 Esther vor Ahasver》, Gregorio Pagani
	255쪽	《예루살렘 성벽 재건 Rebuilding the Wall of Jerusalem》
	260쪽	《에스라가 백성에게 율법을 읽어주다 Ezra Reads the Law to the People》, Gustave Doré
	272-273쪽	《통곡의 벽 Solomon's Wall Jerusalem》, Jean-Léon Gérôme

그림 출처

46, 255쪽	iStock.com
79, 144-145, 161쪽	imagekorea.co.kr
그 외	wikimedia commons

미국 웨스트민스터 신학교

한국어 신학연구 석사 과정 KMATS

미국 웨스트민스터 신학교의
KMATS Korean Master of Theological Studies는
전 세계 그리스도인이 성경의 진리에 기초한
건강한 신학을 삶과 일터,
사역의 현장에 적용할 수 있도록
훈련하는 프로그램입니다.
《리딩지저스》 시리즈는
웨스트민스터 신학교 KMATS 프로그램의 과목인
"구약성경과 그리스도", "신약성경과 그리스도"
수업 내용의 일부를 쉽게 재구성하여 집필했습니다.

특징

❶ 100% 온라인 프로그램으로 세계적인 미국 웨스트민스터 신학교 교수진의 강의를 언어와 지역에 상관없이 한국어로 들을 수 있습니다.
❷ 온라인 담당 한국인 교수와 함께 실시간으로 자유롭게 질의응답할 수 있습니다.
❸ 한 학기에 한 과목 수강으로 바쁜 일상 중에도 부담 없이 참여할 수 있습니다.

대상

❶ 그리스도 중심 설교를 배우고 싶은 목회자
❷ 하나님의 말씀을 확신 있게 가르치고 싶은 평신도 지도자
❸ 해외 선교 현장에서 신학 교육의 필요성을 느끼는 선교사

개요

100% 온라인	12과목 이수	1.5년-3년 소요
1년 4학기 개강	한 학기 10주	개별과목 수강

- 졸업 요건은 12과목 이수 여부와 졸업 총괄 평가로 이루어집니다.
- 1년 4학기로 1월, 3월, 6월, 9월에 개강하며, 매 학기 입학할 수 있습니다.
- 전체 학위 과정에 참여하지 않고 관심 있는 과목만 수강할 수 있습니다.

과목

구약성경과 그리스도 Old Testament Survey
신약성경과 그리스도 New Testament Survey
성경 해석 원리 Principles of Biblical Interpretation
조직신학 개론 Introduction to Systematic Theology
변증학 개론 Introduction to Apologetics
교회사 I History of Christianity I
신론: 하나님을 아는 지식 Doctrine of God
구약성경 적용 Old Testament for Application
신약성경 적용 New Testament for Application
예배를 위한 성경신학 Biblical Theology of Worship
구원론: 그리스도와의 연합 Union with Christ
기독교와 문화 Christianity and Culture
교회사 II History of Christianity II
과학과 신앙 Science and Faith

개별 과목 수강 트랙

전체 학위 과정을 이수하지 않고, 원하는 과목만 개별 수강할 수 있습니다. 평소 성경과 신앙에 대해 풀리지 않던 질문이 있었다면 아래 추천 과목 중에 선택하여 수강하길 바랍니다. KMATS 프로그램의 신뢰할 수 있는 신학적 틀 안에서 자유롭게 질문하며 답을 찾아갈 기회를 얻게 될 것입니다.

추천 과목

그리스도 중심 설교
- 구약성경과 그리스도
- 신약성경과 그리스도
- 구약성경 적용
- 신약성경 적용

성경 신학적 토대
- 구약성경과 그리스도
- 신약성경과 그리스도
- 조직신학 개론
- 변증학 개론

일터와 신앙, 문화의 이해
- 기독교와 문화
- 과학과 신앙
- 교회사 2
- 변증학 개론

교수진

싱클레어 퍼거슨
Dr. Sinclair Ferguson

이안 더귀드
Dr. Iain Duguid

윌리엄 애드가
Dr. William Edgar

데이비드 가너
Dr. David Garner

번 포이트레스
Dr. Vern Poythress

조나단 깁슨
Dr. Jonathan Gibson

브랜든 크로우
Dr. Brandon Crowe

채드 반 딕스훈
Dr. Chad Van Dixhoorn

리차드 개핀
Dr. Richard Gaffin

문의

미국 웨스트민스터 신학교는
그리스도와 전 세계에 있는 그의 교회를 위하여
1929년에 설립되었습니다.

웨스트민스터 신학교는 설립된 이래로 한결같이
성경이 무오하고 권위 있는 하나님 말씀이라는 신념으로
학문적 탁월성과 그리스도 중심적 성경 해석에
철저히 헌신해 왔습니다.

지난 90여 년간 하나님의 은혜로
웨스트민스터 신학교를 통해
한국 교회와 전 세계 교회를 섬기는 지도자들이
배출되었습니다.

이제 그 자리에서 함께할 당신을 기다립니다.

설립 100주년을 맞이하며 웨스트민스터 신학교는 한국 교회와
함께 전 세계 교회를 섬기는 비전을 품고 앞으로 달려 나갑니다.

한국 사역 | 리딩지저스 | **한국어 신학연구 석사 과정**KMATS | **한국어 목회학 박사 과정**KDMIN